毒善其身

南陳／著

我不是教你做個壞人，是要你學著面對生活的真相。
如果你的善良沒有長出尖牙，那麼你的善良不過是種軟弱；
如果你的善良沒有堅持原則，那麼你的善良將會成為偽善。

「窮」滿人間「毒」滿門之凡人生存法則

從李宗盛到兄弟本色、蕭敬騰和五月天，一曲〈凡人歌〉被傳唱了數十年。「你我皆凡人，生在人世間；終日奔波苦，一刻不得閒」道盡現代人的生活面貌；「既然不是仙，難免有雜念；道義放兩旁，把利字擺中間」則唱透了現代人的心理變化，而「問你何時曾看見，這世界為了人們改變」更是將現代人的苦楚無奈表露無遺。

人們奔波著多賺個五塊、十塊，奔波著看看有沒有機會能一夕之間獲利致富躋身為既得利益者，奔波著看看有沒有可能會一舉衝破隱性階級化身為人生勝利組，青蛙變王子、麻雀變鳳凰儼然成為現代人心中隱含的不能說的美夢。

是啊！這世界不會為了我們而改變，尤其我們是這麼渺小、這麼脆弱，對整體社會來說，又是這麼沒有貢獻。

是啊！生活在什麼都漲就只有薪水沒漲的社會中，「苦」已成為一種生活基調，「窮忙」、「瞎忙」也成了每個人的日常。誰叫「苦日子」已是現代人的生活模樣，「窮」更可說是所有人最害怕的瘟神。

「窮」不單指物質層面，還包含精神、心理狀態，因為我們不只存款、荷包空空如也，空空如也的可能還包含我們越來越僵化的腦袋和越來越惆悵的心靈。

只是自怨自艾、怨天尤人也沒用，天上就算掉餡餅也不會剛好降臨在嘴邊，所以，我們只能自立自強，想辦法去改變、突破我們討厭的生活現狀，畢竟機會得由自己去創造。流芳萬世的《易經》早已明言：「窮則變，變則通，通則久」，這世間最不缺的是方法，最缺的卻是懂得找對的方法來做事的人。

當你翻開這本書，代表著你改變自己窮困境遇的機會正到來！作者南陳告訴我們：就算窮，也要窮得渾身骨氣！我們要懂得在充滿毒氣的社會中全身遠禍、適者生存。不要故步自封、畫地自限，不要再當食古不化的爛好人，不要畏懼惡勢力，不要浪費時間去慢慢見人心，要學會把世事看透但不把話說破、不感到失落。

我們要如何才能做到？學會「毒」善其身啊！

真正的勇士，敢於一個人讀完這本書

我一直不相信現代人已經脆弱到每天一睜開眼，就必須要喝碗「雞湯」才有勇氣離開被窩、洗漱穿衣，然後奔赴「戰場」，直到去年開了微信公眾號後，我才發現情況確實超乎我的想像！

我原本從事的是影視行業，開公眾號的目的，單純是為了下班後能有一些娛樂，有空時寫幾篇影評、發一點劇本以便徵集消息，沒事用來消遣自己，有事則能方便行事。

可是，使盡所有的力氣，擠出所有的腦漿，撐著一把老骨頭辛辛苦苦地經營了一個多月，除了一開始「賞臉」支持我的幾個同事外，粉絲數量不見增長。因為大多是一些「僵屍粉」，所以，也不會有多少瀏覽量。

我不免感覺有些灰心，更覺得不服氣——我寫得並不差啊！怎麼說也是在這行帶過幾位明星、做過幾檔三流電視節目的人，怎麼可能一個月內都招攬不到一點新關注呢？

後來，我跟朋友抱怨，從他那裡意外得到增加關注的大絕招——煲雞湯。本來，像我這樣一個有個性的作者，是堅決不會向現實妥協而低頭的，可是，連續碰壁了幾天後，我發現自己的前額已明顯淤青，現實的結果則依然殘酷。於是，我很瀟灑地繳了器械、舉了白旗，還恬不知恥地安慰自己：「這叫做『識時務者為俊傑』！」

果然，第一篇「雞湯文」就成功地為我招來五個新粉絲，還有一位讀者在下面留言，大談自己的生活感受。於是乎，嚐到甜頭的我一發不可收拾，逐漸走上了這條把自己變成「雞湯王」的幸福之路。可是，直到今天我才發現所有喜好讀「雞湯文」的人，都是因為他們沒勇氣接受失敗的自己、沒勇氣向殘酷的現實宣戰——他們羨慕那些比他們更早通往成功的人，可是他們並不想付出與那些人同等的努力。

「雞湯文」是一種鼓勵式的錯覺，當你的眼裡只有它時，你好像看見所有人，無論認識或不認識的人，都在為你的征途加油、吶喊，甚至敲鑼打鼓著，彷彿當你一跑到終點，大家就會為你送上美麗的鮮花。但你沒意識到的是，這種虛構的溫暖，正一步步地吞噬你的活力，讓你變得麻木。一個很簡單的道理——雞湯補多了，人也是會拉肚子的。

當然，我確實看過很多靠「雞湯」發財致富的人。可是，真正的奮鬥界大咖，從來不煲「雞湯」，因為他自己就是最偉大的「勵志王」！

很多人之所以寫「雞湯文」，是因為他們還不夠成功，更是因為他們想要竄紅已經很久了。想一想，你見過哪個飯店的真正名廚會親自動手炒菜？還不全是忙著指揮身旁的一群跟班？

這本書，是為了反「雞湯」而寫的，所以會寫到很多殘酷的現實——有些來自於我的所見所聞，還有一些來自於我的親身經歷。畢竟，大家都生活在同一個世界裡，「享受」著同一類折磨，為各種遲遲未能實現的夢想而悲痛欲絕！

二十歲以前，覺得人生就像一塊彩虹糖，不管是紅色、黃色還是紫色，都是一樣的美好。三十歲以後，覺得自己只是獨自生活在海灘上的蚌，要用餘生不停地去跟痛苦作戰，磨礪沙子、磨礪刀子，才有機會修練成一隻名符其實的「蚌精」。而人的成長，從踏出校門的那一刻才算是真正開始。

你會為了一份工作拼死拼活，卻得不到應有的升職或加薪；你會在遇到困難時向所有人求救，卻發現沒有一個人願意伸出援手；你會有一肚子的牢騷想說，最後卻選擇讓它們爛在肚子裡；你會發現所有的社會關係到頭來不過都只是彼此利用、互相消遣。脾氣再好的人也終會爆發，性格再好的人也終會異化。一段又一段的故事刷新你的認知底線，一次又一次的打擊考驗著你身體裡的那一丁點勇氣。

愛情說散就散、友情說完就完，兜兜轉轉，我們身邊最親的人，最後只剩下父母。

說錯話會得罪人，得罪人會遭到報復；做錯事要道歉，道歉卻不一定能被赦免。

偶爾，你也做過一夜致富的美夢，醒來卻還是只能老老實實地去打拼奮鬥；偶爾，你也相信只要努力堅持就能換回更好的生活，卻發現你的努力，只是給更厲害的老闆打工。越來越在意別人的看法，也發現越努力就對前途越感焦慮。就這樣，你再也不能過無憂無慮的生活，早已忘記自己曾是個天真無邪的少年。

開始學著在別人面前說奉承話，在他背後說風涼話。然後，越來越看不起這樣的自己。

開始害怕跟別人比較，卻總忍不住在紙上條列出優劣，進行分析。

開始運用高科技產品瘋狂吐槽認識或不認識的人，而不再追趕西下的夕陽，好好學習，充實自我，天天向上。

開始害怕跟這世界失去聯繫，所以每晚睡覺前，都必須認真刷完一遍朋友圈，看到別人進步，你失落；看到別人挫敗，你第一時間竟是暗生歡喜。

你什麼時候變成了這樣的人？頑固、自私又刻薄，想要最輝煌的成就卻不想付出最扎實的拼搏。

其實，你需要的只是好好認清這殘酷的現實社會，然後拿出一點勇氣，繼續跟它拼命！

看完這本書，你就好好整裝、重新上路吧！

目錄

第二章　生活的真相就是要你又笑又哭

第三章　現在不努力，將來只會更艱難

第四章　沒有天賦，你的努力一無是處

第五章 所有的社會關係都是利用關係

第一章

雞湯有毒，適量飲用

雞湯有毒，適量飲用

真正強悍的人生不該靠文章來激勵，也不會被文章打敗。

公司有位女同事叫平平，今年三十二歲，很多這個年齡層的女人，孩子都可以幫忙買醬油了，但我這個同事到目前為止都還沒有男朋友。我們經常八卦地問她：「為什麼還不找男朋友？」她表示一直沒遇到適合的，所以不想將就。

仔細想想也是，結婚是一輩子的大事，確實需要好好重視。其實，我們心裡都明白她年紀已經不小了，再不找的話就晚了，但是有鑑於說出來可能會傷到平平的自尊心，所以，具體行動就表現為——大家爭先恐後地幫她介紹男朋友，並堅信她很快就可以遇到真命天子。

同事陸陸續續地給平平介紹了很多人，但平平都拒絕了，要不覺得人家有點矮：「我爸說了，男朋友不能比他還要矮。」要不就是覺得人家窮：「結婚必須要買房買車，而且要全款，不要貸款。」甚至連穿著也不能不符合她的審美標準：「每天都穿格子襯衫配牛仔褲，怎麼換都不換啊！」

據平平說，她爸爸有一百八十公分。她自己倒是不高，一百六十公分不到，而且皮膚有點黑，還有點胖！平時也穿得很休閒，T恤配牛仔褲，一年到頭都是運動鞋。

「那你到底想找個什麼樣的男人呢？」

「沒什麼要求，感覺對了就好。」

照你所說的「沒什麼要求」，意思是身高一百八十公分以上，有車、有房、有品位？

女人或許對八卦永遠充滿好奇心，但往往都是三分鐘熱度。在經歷了短暫的相親風波以後，公司的同事都漸漸沒有了當時的熱情，這件事也就不了了之了。

後來不知道過了多久，突然聽到平平要去約會了，一下子又引起了大家的好奇心。大家七嘴八舌地發問，平平也一臉甜蜜地一一應答：「有一百八十公分呢！太高也不好。」「家裡也買好房子了，在市中心。」

我們心想，這下好了，總算是守得雲開見月明了！

得知明天就要約會，大家又你一言我一語地出點子：「我知道一家店的衣服還不錯，不如我們今晚去看看，挑件漂亮的，明天閃瞎你男朋友。」「對了，今晚還要先去做個美容，明天才有更好的狀態。」

「我什麼也不用準備，就按照平常的樣子沒什麼不好的，費心那些幹什麼？」見大家不解的樣子，平平以智者的神態告訴我們：「一個人如果不能接受最差的我，那麼也就不配擁有最好的我。如果他真的喜歡我的話，是不會介意外表的，我相信他是一個有品位的人，喜歡的是我的內在。」

我聽了之後卻不敢苟同。

現在的時代就是一個看臉的時代，你或許要說長相是天生的、無法改變的，但是你連努力改變自己的想法都沒有，別人憑什麼要去注意你的內在——一個人能接受你最差的一面，那一定是先被你優秀的一面吸引之後，才會願意接受你的不好和缺點的。

有些人永遠學不會從自身找原因，只願意相信所謂的心靈雞湯，認為自己現在單身是因為上帝把最好的都留在最後，甚至天真地幻想著灰姑娘的故事會發生在自己身上。

然而，這世界上沒有任何人會無條件地接受你最差的一面，即使是你的父母，他們也只會因為你的優秀而感到自豪。如果真有人可以無條件地接受你最差的一面，那這個人一定比你還差！

公司最近人員調動得很厲害，走了一批員工，又來了一批新員工，我們這組的經理也因產期將至而遞了辭呈。為了公司的效益，上司決定儘快找人填補經理的空缺，我們也都暗地裡以為，這個經理職位一定是要落到同事小S的頭上。

小S是我們辦公室最勤奮努力的員工了，每天早上八點半上班，她通常八點就到公司了，晚上下班也是走得最晚的一個，甚至有時候深夜刷個朋友圈，都常常可以看到她剛發的動態：「還在加班，連晚飯都沒吃。因為你必須十分努力，才能看起來毫不費力。」並配上一張自拍。

朋友圈底下一大片評論：「心疼，要多注意身體」、「看到你這麼努力，我都不好意思去睡覺了」、「這麼拼，相信你一定會夢想成真的，加油」……

小S也一一回覆了他們，表示這些都沒什麼：「趁著年輕多拼一拼，總是好的」、「只要努力了，就一定可以成功」，總是用這些聽起來充滿正能量的雞湯來鼓勵大家。

於是，有些同事開始斷言：「這麼努力工作，經理的職位非你莫屬了！」小S也謙虛地表示，自己還有很多不足的地方，實在難以擔此大任。

到發布人事命令的時候，結果卻出乎大家的意料：經理將是辦公室裡一位非常低調的同事。大家都不明白，這位新上任的經理每天按時上下班，從不加班，和其他員工沒什麼兩樣，為什麼可以成為經理呢？

如果別人一天就可以完成的工作，你需要兩天來完成，甚至為了不耽誤第二天的工作，你加班到深夜不吃不睡努力做完，別人可能覺得你很努力、很拼。但是上司不會，他只會覺得你笨，簡單的事情你居然需要比別人付出兩倍的精力來完成——從利益的角度考量，你已經給公司帶來了損失！

小S確實每天加班到很晚，看起來也比別人更努力，但是上班的時候卻又經常刷朋友圈、看視頻或講笑話給同事們聽。然後在別人已經休息的時候，發一條加班的動態，以此來顯示自己的努力和拼命，以為自己在工作上投入了大量的時間和精力——即使結果可能不盡人意，但是仍然堅持認為自己已經努力了，未來就一定會成功。

然而，她的努力並沒有讓她看起來毫不費力；相反地，那些從來不加班、按時上下班的人才是真正毫不費力的人。

有人說，看過這麼多道理卻依然過不好這一生。那只是因為他不明白：真正強悍的人生不該靠文章來激勵，也不會被文章打敗。

雞湯有毒，適量飲用。

很多生理問題，其實僅是心理問題

讓節奏慢下來，讓身體好好休息一下，你會發現很多心理問題都會迎刃而解。

因為工作原因，我去外地出差，正好和許久不見的朋友阿秀見了一面。

從她結婚那天到現在，我們也有好幾年不曾碰面了。

再次見到阿秀，我心裡很高興，卻有更多的不解——她的情緒有些不穩定，很沒有精神的樣子，面容憔悴、說話有氣無力，看上去很消瘦，一見到我，話還沒說出口，就先哭了起來！

等她情緒穩定下來後，我才小心翼翼地詢問情況。

原來，阿秀自從結婚後就專心地在家相夫教子，一直沒有進入職場工作。可能是孩子上小學了，不再時時刻刻需要她，所以，她開始覺得生活沒有重心，因而萌生「立業」的想法。這想法一產生就立刻激起了她的鬥志，使她恨不得馬上投入到工作中去。

阿秀在學生時期成績就一直很好，處事又有魄力，一直是校內的風雲人物，崇拜者不知凡幾，那時我們一度以為她將來會成為一名出色的女強人。

後來，得知她拒絕了實習公司的高薪聘請，畢業後就立即步入婚姻的殿堂，之後還做起了全職太太，這一切完全不像她的行事風格，讓我們這些老同學確實困惑了好一陣子。

現在，為了讓自己重拾往日的風采，阿秀經歷了種種辛苦，最終憑藉學生時期累積的知識，加上自己事先參加的培訓課程，成功進入一家外貿公司，做起一名普通的職員。

雖然是小職員，但是阿秀一直堅信自己找到了生涯主場，只要努力，一定會一步一步地走向巔峰。因此，她在工作中非常認真努力，想要證明自己，即使脫離社會已久，她相信自己還是會變回曾經的風雲人物。

為了能夠重鑄輝煌，阿秀投入了大量的精力和信心，常常不吃不喝地忙到深夜，睡幾個小時後又開始工作，身體一度支撐不住。但她還是堅信自己仍然年輕，這點小問題根本不足為懼，有時候頭痛得堅持不住，吃個藥就立刻回歸工作，一刻也不放鬆！

兩個月前，公司接到了一個重要項目，阿秀是這個項目的主要負責人。但是，由於她之前一直高消耗地持續工作，身體狀況變得很糟，甚至很多次因為體力負荷不了，不得不去醫院打點滴。醫生也建議她多多休息，不要太過勞累。

但阿秀一直是個好強的女人，再者她脫離社會很久，要是不努力，一定會被那些熱情有勁的年輕大學生比下去，到時候她再想努力恐怕就晚了！因此她並沒有放棄自己的工作；相反地，她更想向別人證明自己即使身體不適，但仍然能力出眾。

為了讓專案能夠順利進行並且證明自己，她常常加班到深夜，不斷地對企劃方案進行審查和修改，想要設計出一個完美的方案。結果沒幾天，她就開始出現精神疲倦，策劃方案常常看不下去，盯著電腦的時間一長就頭痛欲裂，有時候飯也吃不下，還出現了嘔吐的現象，但是她仍沒有放在心上。

就在提交方案截止的前一天晚上，阿秀和同事一起整理資料，準備明天一早在開會時拿出最完美的方案，結果在起身的時候，眼前一黑栽倒在地！

高壓的工作，終於不知不覺地壓垮了她的身體。身體恢復之後，回到公司卻發現自己再也沒辦法靜下心來策劃了，只要對著電腦或是思考超過兩個小時，頭就會疼得厲害，內心也潛伏著一股暴戾之氣想要發洩。

時間久了之後，上司也發現不對勁，只能委婉地勸退了阿秀。

阿秀一下子失去了生活的重心和支柱，本來在公司業績不錯又不斷升職帶來的自豪感一下子化為烏有，這讓她深受打擊，感覺人生充滿了黑暗和惡意。

等到她發現自己可能患上憂鬱症的時候更加不知所措，每天躲在家中不敢出門，家人也非常憂心，但是又不知如何幫助她。

其實，現在很多年紀輕輕的上班族常常因為工作上的壓力變得敏感，導致工作時間加倍、睡眠時間不足，免疫功能開始失調。第二天上班的時候，精神狀態不佳，老是走神，注意力不集中，時間長了工作就開始出錯，情緒開始不穩，提到上班就會產生逃避的心理，工作上也會感到過度壓抑和抗拒心理。如此惡性循環，後果不堪設想！

心理壓力過大，卻沒有得到及時的緩解，導致身體機能對自己進行抗議和排斥。很多有這種症狀的人通常在企業界身居要職，他們工作的壓力非常之大，所以生理和心理上開始出現衝突。

聽了阿秀的經歷之後，我想起公司之前一位實習生小楊。

小楊是個看起來非常柔弱的女孩子，似乎承受不住任何工作的壓力和折磨，在公司工作不到半年就辭職了。

公司雖說工作壓力不大，但是業務繁忙的時候還是會忙得焦頭爛額，不過老闆體諒我們，加班補貼很不錯，所以相較之下，公司的工作氛圍還是很不錯的。

一般情況下，公司對新人很寬容，小楊剛來的時候，柔弱的外表擄獲了眾多「女漢子」的心，常常在她身體不適時幫她完成工作。

記得那時候，小楊三天兩頭就感冒、發燒、頭疼，加上女生每個月的生理期，幾乎大半的工作都是同事幫著一起完成。

時間長了，大家也發現她的「公主病」相當嚴重，畢竟每個人都有自己的工作，實在自顧不暇，何況發燒、感冒仍堅守崗位的同事也大有人在。

自從發現自己請假的時候上司不再那麼爽快地批准、同事也不再主動幫忙時，小楊就開始對我們產生不滿，甚至懷疑我們排擠她，常常擺著泫然欲泣的表情，好像自己受到了多麼不公平的待遇！後來，因為和一位同事鬧得不愉快，她隔天便辭職了。

同樣是工作，有的人不顧自己的身體狀況強行堅持工作，有的人因為一點小傷小痛就請假，其實都是受心理的影響。

適當地放鬆自己，聽聽歌、散散步，緩解一下忙碌的生活，讓節奏慢下來，讓身體好好休息一下，你會發現很多心理問題都會迎刃而解。

從抱怨到努力：同樣的人，不同的心態

從抱怨到努力，
是每個人注定要經歷的成長蛻變。

身邊總有那麼幾個喜歡抱怨的人。

同事A說公司太常加班，老闆太愛開會，幾個小時下來什麼決定也做不了，害我們坐在那裡白受罪。

朋友B說大城市物價太高，想買房是遙遙無期，每天在擠到爆的地鐵裡逃命似地做著自己並不喜歡的工作。

家人C說自己雖然喜歡從事服裝銷售工作，但店鋪裡的那幫女孩實在太吵，簡直沒辦法說服自己跟她們待在一起。

每天要應付自己的生活，還要抽空幫眾人指點迷津，我也感到很疲累，於是，我分別開出了「藥方」：

我對Ａ說：「那你就炒老闆魷魚啊！給他一個下馬威，順便還能在同事面前逞逞威風呢！」

我對Ｂ說：「那你就徹底離開大城市吧！反正你也不是富二代，拼命工作一輩子也還是買不起城市裡的房子啊！」

我又對Ｃ說：「那你就自己開店當老闆啊！這樣你的員工都會乖乖聽你的話然後眼巴巴地等你發薪水，這樣不是很好嗎？」

抱怨是人的天性，誰都喜歡過安逸又舒適的生活，眼睛裡容不得一粒細沙，不想看見任何一點為難到自己之處。可是生活就是這樣，你一無特長，二無天賦，憑什麼能輕輕鬆鬆地擁有一切？

以上幾個人做為我的同事、朋友、家人，每個人都是我生活中不可或缺的角色，對此，我很珍視彼此之間的情誼。然而，看大家都活得那麼負面消極，讓我由衷地為他們感到難堪。

很多影視劇中經常出現一句臺詞：「做人呢！最重要的就是開心。」仔細想想，把這句話放到某些特定的情境裡，似乎又有些不協調。

大學剛畢業那年，我到親戚的公司打工，在對方的安排下，我成為一名會計人員。那時應屆生要找工作比較難，為了生計，我雖然一點都不喜歡這份工作，也只好暫時留了下來。

工作期間，我認識了一名來自南方的女孩芷晴，她的個子嬌小，五官相當精巧別緻。或許是因為從小在南方長大，來到北方後，她有些水土不服，因此整天愁眉不展，令我感到心疼。

由於都是女孩子，又住在同一間宿舍，她自然跟我親近得多，說了很多抱怨的話。總之，她生活得很不開心，好幾次都跟我透露出想要辭職的打算。

某天，老闆召開會議，要各部門報告近期的工作進度及下個階段的任務。會畢，大家正要散場，芷晴不知哪來的勇氣，忽然站起來對眾人大喊：「老闆，我要辭職！」

在場的人都愣住了，我回頭看了老闆一眼，他嚴肅的臉龐掩藏不住尷尬的神情，但他還是強忍著情緒，詢問芷晴想辭職的原因。

芷晴信誓旦旦地說：「做人最重要的就是開心，我做這份工作並不開心，所以我要辭職。」

當時，不知怎的，一股感動油然而生，很多同事都和我一樣，情不自禁地為芷晴的回覆鼓掌。隨後，老闆批准了她的請辭。

半個月後，芷晴交接完所有的工作，收拾好行囊，決定回南方生活。

臨別那天，我特意送了芷晴，一路上都在誇獎她既有氣魄又勇敢。在她即將上車時，我對她說：「回到家鄉，一定要找份能令自己開心的工作，也不枉費這麼任性一場。」

芷晴笑了，很用力地對我點了點頭。

時光流逝得飛快。兩年後，我們在網路上再度相遇了。因為相信她一定找到了一份讓自己快樂的工作並生活得相當幸福，所以我問起她的近況。

沒想到，芷晴一句話也沒說，只傳來了一個表示「難過」的表情。

我們靜默了良久，她開始跟我敘述自己這兩年的生活：她目前做的工作已經是她回家鄉後的第三份了。之前的兩份，全是因為這樣那樣的各種原因而果斷離職，甚至在第二次辭職時，她開始懷疑自己的八字是不是跟這社會不合。

後來，她來到現在這間公司上班，發現自己仍然不快樂。昨天，她還因為考績，差點跟人事部的同事吵了起來。

那一刻，我不再羨慕她的豁達與勇敢，反而覺得她當初的辭職完全是出自於衝動與魯莽——或者她真的只是想要過得開心，但她不懂得如何讓自己開心地工作以便實現自己的願望。

一個只有目標卻不知道如何實現目標的人，大概永遠也圓滿不了心中的理想。

後來她又抱怨了些什麼，我已記不清了，只知道，如果她找不到具體能令自己滿意的狀態，大概就會一直在「辭職——入職——又辭職」的道路上徘徊很久。

當然，人們不會一成不變，說不定再過個兩年，她真的能找到令自己開心且滿意的理想工作……

再回頭說說我的妹妹。一年前，她向我抱怨服裝店的同事不好相處，如今的她卻是不同既往。昨天，我在她的塗鴉牆上看到了她的一則貼文：

「說真的，在這間店裡，我成長了很多——從一開始的不合群、不愛說話，到如今能和大家打成一片、談笑風生，這真的要感謝店裡的每個人，那麼包容我、幫助我，尤其是豔姐、琪琪、美學。」

「豔姐工作勤快，總是熱心又負責；琪琪腦袋靈活，很懂得隨機應變；美學就是個拼命三郎，但也不失細心。她們身上都充滿了值得我學習的地方，所以我得更努力，向她們看齊。相信有天，我會和她們一樣，成為無可取代的鎮店之寶。」

同樣的人，在同樣的環境，為什麼會有這麼大的變化？答案在於「心態的轉變」。

俗話說「兼聽則明，偏聽則暗」，當我們聽一個人抱怨時，其實只是聽到他單方面對一件事、一個人的看法。

最初，聽親友的傾訴，很容易為對方打抱不平，也容易對傾訴人產生同情，覺得一切都是他抱怨對象的錯，因而跟著附和。

可是事實並不然，大部分的情況，大環境其實是無所謂對錯的，只是端看你自己能不能適應——如果一個人肯調整自己去適應周遭的環境，問題就能夠迎刃而解。只是人們總愛從別人身上找原因，然後忘記自己最大的問題通常是出在自己身上。

妹妹從喜歡抱怨、滿腹牢騷的職場菜鳥，變成眼前這個活潑開朗、積極向上的服裝銷售員，同樣的一個人，因為心態轉變，對事情的看法跟著轉變，生活自然也會有所改變。

從抱怨到努力，是每個人注定要經歷的成長蛻變，也是深刻反省、認知自我的關鍵步驟，這過程有時會很漫長，但請你靜心等待，千萬不要輕易放棄。

要明白做任何事都不容易，因此要懂得低下驕矜自滿的頭，學著默默付出、努力耕耘。

有些人不會因為虛度年華而悔恨，因為他們心態好

真正可怕的，不是你在揮霍年華，
而是你沒有因為這樣的揮霍感到悔恨。

有一次，我的好朋友朵朵發訊息給我，說她和幾位朋友準備去青島玩個兩天，想要約我一起去。

但是，因為工作的關係，我去不了，便謝絕了朵朵的好意：「那天我要加班，去不了，謝謝你的邀請。」

等到我忙完工作後，才發現她回我：「那就請假吧！工作重要，休息更重要呢！」

我思考了很久，決定不回訊息。

我和朵朵從高中就認識了，關係一直很好。

大考結束後，我們生活在不同的城市，見面的機會變少了，平時也不怎麼聯繫，畢竟上了大學，每個人的生活圈都變得不那麼一樣。

大學一畢業，我找到了實習機會並開始工作，因為像我這種普通人家出身的家境，沒有任性的權利。

記得畢業時，我們聯繫了一次，朵朵說她男朋友要去南方的一個城市發展，她準備跟著一起去。到了南方城市後，她男朋友找了一份業務銷售的工作，因為他特別能言善道，每個月的薪資都還不錯，所以朵朵索性就什麼也不做了，靠男朋友支撐著過生活。

一開始，他們過得還可以，後來漸漸地入不敷出，而她又不想出去工作，畢竟清閒了這麼久，面對相應的工作機會，她不是嫌薪資太低，就是嫌工作太累。

等到朵朵再次聯繫我時，她已經回了老家，我們約出來一起吃飯。吃飯的時候聊到工作的事，她說想在老家找份工作，薪資不用太高，工作內容輕鬆就好，因為她男朋友也回老家了，正準備開店做生意。

正好當時我們公司缺人，我就答應幫她問問。有了結果後，她又不想去了，說我公司離她家有點遠，天氣又冷，上班時間太早，她起不來。

那時候，我每天早上八點就要到公司打上班卡，為了能在床上多睡一會兒，有時候連早飯都沒吃，起早貪黑、累死累活的。

我總是想著，趁年輕的時候多賺一點錢，不然老了以後就賺不動了，所以從開始工作到現在，請假的次數寥寥無幾。

朵朵的父親是位計程車司機，工作很辛苦；她母親沒有正式的工作，平時擺擺攤，勉強賺點小錢補貼家用，然而，朵朵在家一待就是幾個月，每天睡到日上三竿，醒來就玩電腦遊戲或是和男朋友講電話聊天。

她每天無所事事、虛度光陰，不止一次向我哭窮。

每次我勸她去找工作，她不是這件事耽擱了，就是那件事耽擱了，一點也不著急。在她看來，工作或不工作都沒什麼關係，反正沒錢了就向男朋友要，絲毫不會覺得有什麼不好，彷彿男朋友賺錢就是要給女朋友花的，天經地義。

我也常常想，是不是非要這麼認真地工作、辛苦地賺錢，才能過上自己想要的生活？我也想嘗試一下每天睡到自然醒、晚上熬夜玩電動遊戲、想出去旅行就出去旅行、想買什麼名牌包就買什麼名牌包的日子，不用提心吊膽地應對客戶，想做什麼就做什麼。

可是，只要一想到得向別人伸手要錢、借錢的情景，我就渾身不舒服。說到底，我沒有他們那麼好的心態——茶來伸手、飯來張口，心安理得地享受別人的饋贈，甚至有可能是基於同情或施捨。

記得曾經有人說過：「大學精神的本質，並不是讓我們變得深奧，而恰恰是恢復人類的天真。」

我一直將這裡的天真理解為「怎麼舒服就怎麼做」。

比起高中生活的艱苦樸素，大學生活簡直就是一種救贖——拿到入學通知的那天，心中滿懷的不只是對外面世界的嚮往，更是對自由生活的憧憬和渴望。因為傳說中「墮落」的大學生活終於要到來了，這段人生中最美好、最輕鬆、最自由的日子就即將要開始了！

可是我不敢——不敢任性，也不敢頹廢，更不敢浪費一分一秒。

大學期間，我甚至沒有翹過一次課，雖然很多人都說，沒有翹過課的大學生活是不完整的。但是我反而覺得，沒翹過一次課的大學生活是一種完美。

很多人到了大學以後，每天就渾渾噩噩，機械式地跟著同班同學穿梭在校園的各大樓，老師在上面講，他們就在下面想著中午要吃什麼？晚上要辦什麼活動？

回宿舍不是窩著看穿越劇，就是和室友通宵打遊戲。熄燈了也不睡，在黑暗中談人生、談理想。早上在鬧鐘叫了無數次之後，才手忙腳亂地穿衣、起床，一路狂奔趕著去點名。

週末則是買買買、逛逛逛、吃吃吃。心情好，就約同學去KTV夜唱；心情不好，也去KTV夜唱。總之，怎麼解放天性就怎麼來。

在他們看來，在課堂上積極回答問題、認真做筆記，下課按時完成作業都是小學生、國中生和高中生才要做的事情，更別提他們會去圖書館K書了，那才是真正的浪費時間、虛度光陰，因為大學生活就是用來享受的，不好好享受一下人生的天堂，豈不是白白浪費這大好的黃金歲月。

有人在大學時期選擇奮鬥，就有人在大學時期選擇享受。

奮鬥的人看享受的人是虛度光陰、浪費時間；但在享受的人眼中，奮鬥的人同樣也是在浪費生命、荒廢時光。真正可怕的，不是你在揮霍年華，而是你在往後的生命裡，絲毫沒有因為這樣的揮霍感到悔恨。

當你冒著風雨奔波於公司和客戶之間時，當你在夜深人靜時還於辦公桌前埋頭苦幹時，當你週末還得早起去加班開會時，你或許會羨慕起那些能在雨天時窩在沙發喝咖啡看肥皂劇的人，也會羨慕那些能在週末時賴床的人，還會羨慕那些能在天一黑就入睡的人。

但是，我永遠不會讓自己成為這樣的人。

我不想成為不思進取、苟且偷安的鹹魚，因為前面的路途還有很多驚喜等待我去發掘，即使別人在未來某天也可能會發現，我仍想成為最先發現的那個人。

因為自戀，所以光棍

愛一個人是明知道對方的缺點，依然願意接納和包容。

「自戀」一詞，可解釋為自我陶醉的行為或習慣，百科把它歸類為一種人格障礙。而「障礙」這個詞，可以通俗地解釋為「阻擋你前進」的意思。

自戀型人格障礙的特徵很多，其中有一類的表現為親密關係困難。

仔細觀察一下身邊的單身人士，你會發現，他們大多有房有車、高薪厚祿且背景清白。甚至有些男生保證：結婚後房子寫對方名字、生產時首先保全老婆、生兒子和女兒都一樣。

我有個從小一直玩在一起的鄰居姐姐，今年二十八歲，仍待字閨中。最近她父母一直在張羅著幫她相親，準備趕在明年年底前結婚，畢竟這個年紀在父母看來也老大不小了。

我們經常膩在一起聊八卦，聊她即將出現的另一半。

「不用太高、太帥，但一定要溫柔體貼。總之，我也沒有太多要求，感覺對了就可以了！」每次我一問她對另一半的幻想，她就用這種不在意的態度來應付我，完全感受不到她對終身大事的重視。

後來沒幾天她就順利脫單，聽說對方在銀行工作，再過不久就可以晉升到管理階層，前途一片光明。人長得帥，高高瘦瘦的，看起來很斯文。就是年齡比較大，年底就三十五歲了，但長輩都覺得大一點比較懂得照顧人。

總之，雙方父母都很滿意，就等著籌備婚禮了！

從那之後，我們很少見面，猜想她一定一直是沉浸在戀愛的甜蜜裡，所以我自覺地不去打擾，一心想著等到她結婚的時候，一定要包個大紅包。

因此，當我接到她的電話時，當她說他們已經分手且她可以繼續和我過著墮落的單身生活時，我趕緊看了一下日曆，確定不是愚人節後，鄭重地警告她：「坦白從寬，從實招來！」

「我跟他『三觀』不合，互相遷就太累，不如早早分手。」

「講清楚點，這世界『三觀』不合的到處都是，大家不是照樣過得好好的嗎？」

「我們交往一個月的時候，有一次他帶我參加他朋友的聚會，當時我挺高興的，覺得這是一種重視我的表現，還特地打扮了一番！」

她本身就長得很漂亮，皮膚白、眼睛大，還有一頭讓我嫉妒的烏黑秀髮。我想著當時的場景，那些人一定都被我這位姐姐閃瞎了鈦合金眼！

「然後就有人問起，我是做什麼工作的？我們是怎麼認識的？我剛想回答，他就替我回答了！說我們是同事，我是他單位的職員。我一下就愣住了！之後的其他活動我都提不起興致。」

「回家後，我越想越難受，打電話問他為什麼這麼說。他解釋說，覺得若我們說是相親認識，會有點丟臉，他也怕他的朋友看不起我的職業會讓我難受，所以才說我是他的同事，他是為了我好。」

依我看，不是他那些朋友看不起他女朋友的職業，而是他自己看不起她的職業，覺得說出來會讓他臉上無光——他完全是為了自己的面子，卻冠冕堂皇地說是為了我這位姐姐好。」

我姐姐雖然只是一家私人公司的小職員，工資並不高，但是，職業沒有貴賤之分，任何職業都是值得被尊重的。

「每次都一副高高在上的樣子，還說以後生了孩子不能讓我父母帶，嫌我爸媽是勞工階級，對孩子的教育沒什麼幫助。我爸媽怎麼帶不好了？我長這麼大都是我爸媽的功勞，我還很自豪呢！算了，不提他了，這麼大年齡還單身是他自己的問題。」

當初相親的時候，雙方的條件都是了解過的，你既看上了別人的外表，又嫌棄別人的職業，覺得對方配不上你，但是你願意替別人遮掩，你覺得自己大愛無私——其實你只是過度膨脹，通過無止境地貶低另一半來凸顯自己高不可攀的地位。」

你還沾沾自喜地等著別人來感恩戴德，整天一副這樣的姿態——我這麼優秀，你本是配不上我的，但是我不介意，我就是這麼偉大，好了，你可以開始跪安了！」

要是我，就反手給他一巴掌：「做你的春秋大夢去吧！」

想到之前看到的一則笑話：「一位大哥要我幫他介紹女朋友，要求身高一百六十公分以上，可愛一點！」我問了符合該條件的女生，女生要求對方要有房有車，月入五萬元以上，身高一百七十五公分以上，長相英俊。

隨後我又去問了符合該條件的男生，他對女生的要求是：身高一百七十公分，漂亮，會做家務會賺錢。我又去找了符合條件的女生，她的要求是：男方要事業有成，要有別墅，身高要一百八十公分以上。

都給我好好單身著吧！

這只是個笑話嗎？它只是用人們可以接受的方式表達了某些人命比紙薄、心比天高的現狀，一心想找個十全十美的另一半，殊不知天外有天人外有人，一山更比一山高。

你嫌棄他賺錢不行，他嫌棄你長得不漂亮；明明在別人看來他是那麼溫和有禮，可是你卻罵他庸碌無能沒出息；明明在別人看來她是那麼時尚又漂亮，可是你卻嫌她笨手笨腳，家事都做不好！

終於有一天，她變得漂亮、能持家又會賺錢，你走到哪裡都願意向別人誇讚她，覺得帶她出去超有面子。可是有一天，你發現她卻在背後偷偷跟朋友抱怨：「我覺得帶他出去很丟人。」

她終於成了你想要的模樣，而你卻變成了她完美人生中唯一的不完美。

愛一個人不是只看到對方的優點，忽略他們的缺點，而是明知道對方的缺點，依然願意接納和包容。

愛情不是盲目，更不是打擊，透過貶低對方來抬高自己，美其名說是鼓勵對方，實際上是為了達到自己高人一等的目的。

這種方式非但沒有任何意義，甚至在外人看來是一種非常沒有品德的行為。等到有一天對方終於忍無可忍、離你而去，你還以為對方是知難而退，深感配不上你才會掩面而走。

而你種種自戀的行為，在對方看來都像跳樑小丑。直到你發現自己不僅找不到對象，還交不到朋友，這時你才恍然大悟：這些凡夫俗子，哪懂得高處不勝寒？

耍個性你還不夠格

有足夠的能力時才叫「個性」，
沒有能力的耍個性則是「任性」。

小時候學過《莊子》中的〈東施效顰〉：「西施病心而顰其里，其里之醜人見而美之，歸亦捧心而顰其里。其里之富人見之，堅閉門而不出；貧人見之，挈妻子而去之走。彼知顰美，而不知顰之所以美。」

後人常用「東施效顰」來諷刺不知自醜、不識時務、盲目效仿，卻適得其反而成為別人笑柄的人。

前些年，大衛・芬奇導演的電影《龍紋身的女孩》一經播出，紅遍全世界，只是整部影片瀰漫著晦暗陰鬱的氣息。

影片中的龍女一出場便是皮衣皮褲，滿臉眉釘唇釘鼻釘，還有滿身的龍紋身，冷酷、另類的龐克裝扮顛覆了以往銀幕上女性角色的形象，無數男男女女被她酷炫的形象與獨特的個性吸引，甚至很多年輕人開始模仿龍女的裝扮。

令我印象尤其深刻的是，當時我一位表妹正值叛逆年紀，她或許還沒看懂影片的真正含義，便熱衷於模仿影片中的龍女，做了個古怪的髮型，校服也不老實地穿，還經常蹺課。

老師家訪了無數次，父母也想盡了辦法，但她依舊我行我素——即使是受了父母的棍棒之苦，也依然堅持自己所謂的「個性」，而這一點，我倒挺佩服她的。

對於當時的少男少女來說，家長的勸告就是阻擋他們追求「個性」的障礙，非要讓自己栽跟斗，才會懂得迷途知返。

其實，每個人的成長過程中都會經歷叛逆期。

當孩子進入叛逆期後，他們的獨立意識和自我意識會日益增強，常常按照自己的想法做事，很難聽進去家長和老師的勸導，對外界的一切充滿好奇，不再循規蹈矩，想打破一切原有的定律，他們稱之為「個性」。

這種耍個性的心理很普遍。

很多人想要引起別人的注意，或是想得到肯定，但總是找不到正確的方法。故意做出一些特立獨行、與眾不同的事情來刷存在感——只是模仿了龍女的外貌，卻沒有學到她以一當十的魄力和能力，因此，最後將在面對黑暗勢力時甘拜下風。

前段時間，一封被稱為史上最具情懷的辭職信「世界那麼大，我想去看看」一時間紅遍網路。如此灑脫的一句話，說出了多少人的心聲，於是眾多網友開始了「一場說走就走的旅行」，各大網路平臺、朋友圈瞬間被無數的美景、美食以及美人覆蓋！

公司的一位同事阿靜深有所感，她一直在辦公室叨唸著：「長到這麼大，還沒有真正地去旅行過一次，當年畢業旅行的計畫，也因為種種原因而泡湯了。大學一畢業就進入職場工作，直到現在，連附近的城市都沒有去過。」

據說，阿靜的夢想就是能和愛人去一次浪漫的香格里拉，看看離天堂最近的地方究竟是什麼模樣。所以，看到這則新聞時，她心癢難耐，一刻也坐不住。

也許是這封辭職信給了她重新追求夢想的勇氣，第二天，她就在所有人的驚訝與豔羨中辭職，準備開啟她的浪漫之旅。

偏偏這世上最不缺的就是「事與願違」，阿靜老公的公司正處於業績旺季，一時之間不可能獲准請職，甚至連請假都不行！

阿靜的上司批准了她的辭職，只不過扣了她大半的工資。雖然她當時的心情被喜悅和激動所淹沒，不太在乎這些，但現在每天待在家裡無所事事，才發現所有的一切都需要開支。

阿靜也不是沒想過自己一個人去旅行算了，但本來是兩人的浪漫之旅，現在怎麼想怎麼不是滋味。何況她自己從來沒有出過遠門，真要讓她一個人去，她還真是不太敢。

阿靜開始埋怨老公沒有辭職和她去旅行，而她老公則埋怨她做事不考慮後果，說辭職就辭職。她氣不過，大吵了一架，結果旅行的事再也不提了，只能重新開始找工作。

本來她還想著可以回原來的公司，但是面對一個說辭職就辭職的員工，公司會怎麼想，可想而知。沒辦法，只好另覓東家，但是工作哪這麼容易找？何況她也不是剛畢業的小姑娘了，工資低的看不上，工資高的人家又看不上她，真是進退兩難！

常言道：「讀萬卷書，行萬里路。」看到別人敢於追求自己的夢想，說走就走、說辭職就辭職，真的很瀟灑、很有個性。於是，你也想「緊跟潮流」，卻擔不起背後的風險

——

去旅行了，孩子怎麼辦？家庭怎麼辦？

旅行歸來以後，工作怎麼辦？事業怎麼辦？

面對自己任性丟下的爛攤子，你是否後悔當初一時昏頭做下的愚蠢決定？

《莊子》有言：「子獨不聞夫壽陵餘子之學行於邯鄲與？未得國能，又失其故行矣，

直匍匐而歸耳！」

對大多數人來說，隨著年齡的增長，顧慮和牽絆也越來越多，那些年輕時的熱血澎湃和不顧一切，早被世俗的條條框框束縛，做事變得能瞻前顧後、三思而後行。所以，看見別人敢於打破傳統的信條、衝破枷鎖，往往會引發內心的共鳴。

然而，真要行動的時候，才發現「錢包那麼小，車票那麼貴，有錢沒時間，有時間卻沒錢」。

事實上，那位想去看看世界的女教師在辭職以後，也沒有真的去環遊世界，而是在去了幾個地方後，和愛人在成都定居。

夢想歸夢想，幾個月的旅行之後還是要回歸現實。

我們一邊吶喊著要解放、要自由，一邊卻又忍不住尋求安全感的保護。當我們有足夠的能力時才叫「個性」，沒有能力的要個性則是「任性」。誰都想成為那個被別人崇拜的龍紋身女孩，但是，現在，你還不夠資格。

反問自己，你有沒有真的竭盡全力？

你想擁有什麼樣的人生，
就要付出什麼樣的努力。

每天下班，我都要搭一個多小時的地鐵，再步行十幾分鐘，才能到家。

一路上遭受人潮擁擠的折磨，加上工作了一整天，讓我每每到家時都直接癱在床上，動也不想動，有時甚至連晚飯都不想吃。

我猜，很多人都能感同身受。

生活在北京這樣的大城市中著實不易，每天都要忍受各種各樣突如其來的麻煩，天還沒亮就得起床出門工作，等到月亮高掛才能回到狹小得只裝得下一張床的租屋處，怎麼可能不感到艱辛勞苦？怎麼可能還有精力去做點其他事？

當我們自以為已經非常努力時，機會來到我們身邊，我們卻依然抓不住。工作好幾年還是連一間廁所都買不起。看著身邊的同事、朋友一步一腳印地越走越遠，心裡不由得慌了起來。

其實你之所以心慌，並不是因為你不如他們，而是你終於意識到——你沒有他們努力，更沒有為自己竭盡全力。

當你匆匆忙忙地趕在打卡鐘即將轉完一圈時才進到公司時，你有沒有想過，有些同事已經開始工作一段時間了呢？

在你好不容易結束一天的工作回到家時，你有沒有想過，有些朋友可能還在各自的公司裡熬夜加班呢？

甚至，在你看線上綜藝節目、玩手機遊戲時，坐你旁邊的乘客卻在看書、背單字、聽英文教學課程。

你覺得自己已經夠努力了，其實你只是看上去很努力而已；你之所以沒有成功，是因為你並未最大限度地發揮自己的才能。

我是個相對而言算沉悶的人，通常不會主動與別人打招呼，除非工作必要，很少去認識陌生人、結交新朋友。

與H相識，是在去年辭職後。

那時，我正做著考研究所的春秋大夢，很多事情不是很了解，於是加入了一個考研究所的社團，想諮詢一些相關事情。

然後，H就出現了，我們互相加了好友後，沒聊多久就像老朋友似的。

有天晚上，我看不下書，心裡憋得悶，想找人傾訴又不想讓周圍的人知道，便厚著臉皮打擾了他。

聽完我的無病呻吟，他向我說了自己的故事。

H出生於廣西的一處小山村，距離最近的城市，來回也要四、五個小時——得先騎十幾分鐘的車到山口的馬路旁，換乘半個多小時的公車到達小鎮，到鎮上還要再坐一個多小時的公車才能到達城市。

他是家中的老大，底下還有弟弟、妹妹，從小家裡窮，所有的收入都來自家裡那十幾畝的山地和父親平時打獵、採藥販賣的營收。

說到這裡，H傳來了一個害羞著冒冷汗的表情貼圖，然後繼續說著：「記得小時候，有好幾次我跟著媽媽到鄰居家借米。當時不感覺有什麼，懂事了以後想起我媽難堪的表情和鄰居趾高氣揚的神態，總有股說不出的辛酸。」

「就學後，因為爸媽識字不多，每天還要下田幹活，學習這事兒我只能靠自己。那時也不知道哪來的自覺，就認為學習是件非常好的事，所以我基本上把所有的時間都用在學習上。」

「聽我媽說，有時我連做夢都在學習，夢話也都跟學業有關，她一度認為我得了精神病。以前同學們見我課本不離手，都覺得我是個怪人，不願意和我相處，而我也因此落得清靜自在。」

而後，H以全校第一名的成績考取了當地最好的高中。因為學校離他家很遠，他便選擇住校。為了省錢，他一個月只回家一趟。週末，他爸會將打來的野雞、野鴨和採來的藥材拿到鎮上賣，順便為他帶來下週的糧食——幾斤米和家裡醃製的小菜。

上了高中，他看到了很多以前沒有看過的東西，知道想要改變自己的命運，就得更刻苦地學習。所以，當別的同學都在玩樂、談戀愛的時候，學習永遠是他的第一要務。

為了節省家裡的開支，從高一下學期開始，他就想辦法去打工，可是當時的鎮上哪需要什麼人幫忙工作啊？

所幸，在學校門口開雜貨店的先生看他家境困苦、為人上進，就讓他在星期天時過來幫忙，一天的工資是五百塊錢。這讓他求之不得，要知道，那時候的他一天花不到一百塊錢——吃飯七十元、喝水二十元。

高中期間，H依舊沒什麼朋友，一開始，他有點自卑，而他也是第一次知道人與人之間的差距原來這麼大。這種差距最多的在於物質層面，可是即便是學業層面，他也不比別人強到哪去——只要稍微鬆懈一些，他的成績就會迅速下滑。

而H在這樣的環境中生活了三年，最大的收穫就是考取了一所普通大學的醫學系。因為家裡湊不出學費，他只好申請助學貸款。

從入學的第一天起，他就面臨著生存的難題——那時候的他全身上下只剩兩百塊錢。因此，當很多同學還陶醉在剛上大學的興奮中時，他已經馬不停蹄地開始了半工半讀的生活。

他的日子沒有太多變化，上課之餘就是打工，這些年來，他也相當習慣。

當室友窩在宿舍打電動遊戲的時候，他正在實驗室裡研究著各種人體器官；當同學忙著和戀人談情說愛的時候，他正在幫餐館送外賣的路上；當別人在酒吧裡飲酒、在KTV裡作樂的時候，他正在圖書館裡讀書；當人們悠然自得地逛街購物的時候，他正在某個市集裡幫忙擺地攤……這些種種構成了他的大學生活。

經過五年的努力，他在離開校園之際，還清了所有貸款。

大學畢業後，H到海南一間醫院擔任外科實習生，工資不高，除去房租和基本日常開銷後已所剩無幾。

這點讓我想不明白，照理來說，他畢業的那所學校雖不夠出名，但畢業後要在他老家最好的醫院找份工作還是沒問題的啊！而醫生這份職業，絕對可以讓他在家鄉過上相對優越的生活——工作個幾年便能繳頭期款買下一棟房子，不但不用像以前那麼辛苦，還可以把他辛勞一輩子的父母接來一起住。

而他看到我的疑問後，反問我：「你以前那份工作也很不錯，那你為什麼要辭職？」

他說，因為害怕自己會陷入安逸的生活而沒能再為人生奮鬥，所以才會跑個大老遠地到異地工作，他需要讓自己隨時保有那股生活所挾帶的疼痛感。

更令我想不明白的是，一年的實習醫生生活結束後，醫院打算正式聘用H，待遇比實習時候至少要高出數倍，但是他卻拒絕了！離開那間醫院後，H選擇北漂，在一間醫療相關器材公司做起業務。

我實在理解不了他在玩什麼花樣、耍什麼把戲，總之，他有他自己的理由。

因為他有扎實的專業知識，又願意吃苦，做起醫療器材業務倒也得心應手。不到幾個月，他的業績就大幅超越公司大部分的同事，月收入也跨入高達六位數的行列。

可是他還是不知足，做了兩年後，便辭去這份讓我看著都眼紅的工作，和朋友到二線城市開了一間心理諮詢診所。原來他在這兩年的期間，又拿到了心理諮詢師的合格證書。

和H認識的時候，他的心理諮詢診所剛成立不久。

聽完他的這番話，我不禁納悶，我加的那個社團是要報考中文研究所的，他的心理諮詢診所才剛開立，哪有時間準備考試呢？

他笑了笑，表示自己一直有個文學夢，原以為當了老闆自己就能有自由的時間可以準備考試，沒想到診所成立後的各種瑣事太繁多，根本脫不了身……

然而，不久前，他告訴我，他的診所獲得政府的贊助，除了對診所的前景感到信心滿滿外，他正全力衝刺地準備研究所考試。

人的一生能經歷多少事？又有多少事能在我們生命的長河裡激起波瀾？若是活了三十年左右，沒有一件事能讓我們真正刻骨銘心，那就表示我們沒有真正對自己的人生負責過，或者說，我們從沒有真正全力以赴過。

有時候，我們所謂的努力付出，只是比消極多一點積極而已，貌似在這個偌大的城市裡忙碌奔波，其實只不過是在瞎忙而已。

你想擁有什麼樣的人生，就要付出什麼樣的努力，這是上天最公平之處。

當你為自己竭盡全力時，你想要的一切自然會紛至沓來。如果你想要的一切還沒來，那你就該反思一下——

你真的用盡全力去努力了嗎？

第二章

生活的真相就是要你又笑又哭

生活的真相就是要你又笑又哭

生活是在你高興時冷不防給你一記悶棍；
又在你悲傷時突然冒出驚喜。

曾經在網路上看到這樣一篇文章：

一架飛機失事了，有個人從飛機上掉了下來。好消息是那個人身上有降落傘，壞消息是降落傘恰巧壞了；好消息是地面上剛好有個草堆，壞消息是草堆上有支鋼叉；好消息是那人沒掉在鋼叉上，壞消息是他也沒掉在草堆上。

讀完這篇文章，真是讓人覺得哭笑不得。生活總是充滿這樣那樣的「驚喜」，就像天氣一樣陰晴不定，時而晴空萬里，時而密佈烏雲，時而東邊太陽西邊雨，讓人冷不提防地又愛又恨。

這不由得讓人想起《儒林外史》裡〈范進中舉〉的故事：范進是位老書生，他一生都在馬不停蹄地應試，考了二十多次，卻從沒考出個好成績，因此一直生活在貧困中。他的岳父經常罵他「癩蛤蟆想吃天鵝肉」，也從不給他好臉色看，更不讓他進家門。

直到范進五十四歲那年，他終於考中了舉人，苦盡甘來。

范進中舉後，岳父的態度馬上一百八十度大轉變，連忙改口稱他為「賢婿老爺」，之前狗眼看人低的鄰居們也對范進前呼後擁，甚至縣令也親自來祝賀，地方鄉紳還送房子給他，這根本是范進人生中前所未有的事。

但范進在大喜之下過於激動，竟然發瘋了。好事變壞事，高興變悲哀。

我有一位表姐，她的人生際遇和范進頗有些雷同之處。

表姐上學時，成績一直不上不下，一路不驚不險地升上了高中。

以她的成績想要考上學術方面的科系無疑是件難事，為了給自己增加籌碼，她決定走藝術專業的道路，因為從小熱愛音樂，她毅然決然地選擇投入音樂這條路。

高二分科分組後，她展開一連串音樂班的考試。在一群要嘛五音不全，要嘛長得其貌不揚的「怪咖」中，表姐以強有力的外貌優勢順利地成為音樂班的學生。

也許表姐天生有音樂天賦，相較於學科成績，她的音樂成績一直名列前茅，牢牢地佔據班上前三名的地位。

在學音樂的日子裡，表姐保持著平穩的步伐。老師也說她很有潛力，全家人都認為這是一條正確的道路，表姐的未來似乎隱隱約約地透出了一線曙光。

終於到了考藝術類科專業考試的時刻，那段期間表姐的狀態特別好。然而，生活不會讓你一帆風順，總會在平靜的生活裡投下了一顆能激起漣漪的石子。

然而，音樂生決定考試順序的方式其實一點也不嚴謹，考生的考試順序居然靠電腦抽籤決定，表姐很不幸地抽到了最後一天，狀態再好也耗不過「衰神附體」。

於是，時間充足的表姐就每天當同學的陪考，替要考試的同學們排隊，為他們預留練習的時間。表姐一直在考場待了二十多天，送走了每一個考完試的同學。

終於到了表姐考試的日子，姑且不提精神、氣力都被時間拖完了，先說老天爺也不知怎的想不開，給她開了一個大玩笑——之前陪考的日子，一直活蹦亂跳、生龍活虎，怎麼竟然在考試前一天感冒了，病毒來勢洶洶，很快就發展成了高燒，嗓子都被燒得啞掉了！

天不遂人願，帶病考試的後果自然不堪設想，表姐的考試成績雖然勉強及格，卻是全部考生的最後一名。

在重讀與升學之間，表姐選擇了升學，上了一所普通的專科學校。因為她家庭條件不是很好，再重讀一年還不如插考大學，這樣還可以提前工作，為家裡減輕經濟負擔。

就學期間，表姐的成績異常優異，連續三年都拿到了獎學金。

但是生活的方向誰都控制不了，在表姐專科二年級時，她準備插考大學，考試政策卻產生了重大的轉變，規定只有專科三年級的學生才能報名。最慘的是，改革後專科插考大學的類別裡竟沒有音樂專業，所以，表姐若想考上大學就必須走別種藝術專業。

但是，這些並沒有阻撓表姐的腳步，專科三年級那年她還是報名了插大考試。

皇天不負有心人，表姐如願通過了考試，成績超過分數線十幾分。

但是天意從來不可測，興奮並沒有持續多長的時間，因為在填志願的時候，表姐發現礙於政策的限制，她所學的專業能填的志願學校只有五所，自己雖然超過了分數線，但也沒有超過很多，所以自己真正能被錄取的學校只有一所地方體育學院。

說到這兒，我不得不說——表姐的身子骨堪比林黛玉，從小就是個藥罐子，要她去學體育，根本就像是要她的命。而這所體育學院又是專科改制後的私立學校，學費相當昂貴。

綜合種種情況，表姐最終放棄了就讀大學的機會。

專科畢業後，表姐到一所小學工作，擔任音樂代課老師。雖然從事的是自己的專業，工作也相對輕鬆，但是工資非常低廉。

表姐畢業的時候，正趕上音樂專業發展的大潮，音樂老師面臨前所未有的空缺，很有前途。她決定考教師檢定，希望能取得教師合格證書，成為一名正式的音樂教師。

然而，表姐才剛下了這個決定，就從當在高中任職的叔叔那裡了解到，本市招收老師的最低學歷要求是本科系，就算她取得教師合格證，也沒有資格成為正式教師，因為學歷不夠純粹。

這無疑是晴天霹靂，不過表姐性格頑強，並沒有因此被打垮。本市不能考，她就到別的城市去考。幸運的是，恰巧鄰市就可以，因為那裡有一所較為出名的大專師範學院，要求相對寬鬆許多。

因為代課老師的工資低，做了一個學期後，表姐辭職並找了份跟專業不符，但是薪資待遇很好的工作，邊工作邊學習。

經過一年的努力，表姐取得了教師資格證，接著便朝著正式教師之路奮鬥前進了。

只是，這一奮鬥就是整整五年。

因為表姐工作做得很好，發展也很可觀，所以不得不把重心一分為二。而且，隨著她的年齡越來越大，除了工作之外，她的感情生活也逐漸多彩多姿了起來，學習的時間自然逐漸減少。

表姐在二十六歲時成家，結婚後，她變得更加忙碌了，要工作，要學習，還要照顧家庭，一樣都不能少。

兩年後，表姐懷孕了，小生命即將到來的喜悅讓全家人都高興得不得了！但是天公不作美，編制內正式教師有年齡限制，不得超過二十八歲，而表姐恰巧處在這條分水嶺上，這年，是她最後一次機會。萬幸的是，老天終於決定放過她，讓她抓住了成功的尾巴！

生活總是這樣，在你高興的時候冷不防地給你一記悶棍，樂極生悲；又在你悲傷的時候突然冒出個驚喜，柳暗花明。

生活就是要讓你哭笑不得！

比你漂亮的人比你努力，比你醜的人比你幸福

我們只能更努力，
這樣才能和優秀的人並肩同行。

一直以來，很多人可能對於長得漂亮或者家境優越的人存在一些誤解，認為他們每天的生活都是悠閒舒適、隨心所欲——可以想去哪裡旅遊，就去哪裡旅遊；可以想買什麼就買什麼；可以有事才去上班，沒事就喝下午茶、和朋友相聚。

那些生活得較不富裕而生活品質較為普通的一般人，每天都為了生計在奔波忙碌，一刻也不敢停歇。

然而，進入社會後，我們才發現事實並非如此。那些看起來事業成功、家境富裕的人，工作起來更加拼命、努力。

我的同事李琪就是我所說的「比你漂亮、比你有實力，也比你努力」的人。

李琪家庭富裕，父親和母親都是大學教授、知識分子，只生她一名獨生女，自然倍加寵愛、要什麼有什麼，因此她從小就在眾星拱月的環境下長大。

李琪的父母雖然寵愛她，對她的教育卻絲毫都不含糊。她在大學畢業後，幾乎沒費什麼周折就因為表現優秀而應聘進入我們公司。

長得漂亮、又有氣質，剛進入公司的時候，很多人不相信李琪會有什麼真才實學，然而，沒過幾個月，所有人都對她刮目相看——她永遠是早上最早來、晚上最晚走的一個；每次加班，其他人都抱怨連連，只有她最快調整心態，最認真地完成上司安排的任務；平時工作也非常認真，幾乎沒出過錯，每次開會，被上司表揚最多的就是她。

不僅在工作上非常盡心盡力，週末時，李琪還會參加各式各樣的培訓課程來充實自己的能力。她對自己的未來規劃非常明確，明白自己現在正是努力的年紀，只有全力以赴才能保證將來不會後悔。

人們看見漂亮的人往往會過度注意他們的外表，而忽略他們的成就。所以，長得漂亮的人要比普通人更努力，才能讓自己的成就高過外貌，從而被別人看見、被別人認可。

為什麼經常有人捶胸頓足：長得好看就算了，家裡有錢就算了，成績還這麼好，老天真是不公平！

不是老天不公平，只是，長得比你漂亮的人比你還努力！

每個人的學習生涯中應該都會遇見這兩種人：一種是從不遲到、從不早退，生病了也堅持上課的「學霸」，他們大多成績優異，常年佔據班級排名的前列；另一種是從不遲到、從不早退，生病了也堅持上課的「學渣」，他們大多成績一般，班級排名往往在你之下。

我上高中的時候，班上就有這樣一位「學渣」同學，個子不高、皮膚偏黑，臉上還有青春痘，理著個小平頭，一百七十公分多一點，永遠穿著各種顏色的格子衫搭配休閒褲，戴著一副黑框眼鏡，一跟女生說話就臉紅。有次，他拿掉眼鏡，我們才發現他眼睛真的很小。

那時，我們已經開始懂得在意自己的外表，也開始有意無意地打扮自己，所以，這樣一個毫無特色的人是不可能引人注意的。只是每次上課時，大部分同學都昏昏欲睡，只有他認真寫筆記。

大家都說認真的男人最帥，可是，由於他的外表實在太不起眼，導致他認真了三年，還是沒有哪個女生能夠慧眼識英雄，透過他土到爆的外表，看到他內心深處的魅力。

後來，大家去了不同的城市上大學，聯繫也漸漸少了，很多人可能想聯繫也聯繫不上了！大學畢業後，高中時期的班長在群組裡提議開一次同學會，沒想到反應竟出奇的熱烈，氣氛瞬間活躍了起來！

大家在班級群組裡暢所欲言，懷念當年那些天真爛漫的時光，甚至連一些糗事都被人提起，卻再也不會惱羞成怒了！好像這些年我們從來沒有分離過。

一直聊到深夜，大家還意猶未盡，班長最後又問了一句：「要去聚會的抓緊報名時間，前十名有獎勵。」

「我！」

「還有我！」

「帶我一個！」

大家爭先恐後地報名，除了有幾個實在抽不出時間的同學以外，大部分的同學都表達了對這次聚會的期待。

就在大家以為這次的討論圓滿結束的時候，有個人突然在群組裡說了一句：「不好意思，剛剛才看到訊息，我也要參加，算我一個！」

群裡立刻安靜了數秒鐘，我想大家一定和我一樣，納悶這人是誰，怎麼一點兒印象也沒有？

後來，終於有人記憶力超群地想起來這不就是我們高中時候的「土哥」！正是我說的那位學渣同學，因為那時候他的年紀是我們班最大的，又經常穿得很土，時間長了，大家就給他取了「土哥」這個外號。

然而，很多時候，現實就是用來打臉的。

真正見到「土哥」的時候，才知道什麼是「男大十八變」——他幾乎讓我們認不出來，這麼多年沒見，竟然長高了很多——他還是鍾情襯衫，只不過把格子衫變成了白襯衫，配上一條牛仔褲，更顯得身材修長；他曾經的小平頭也留長了，活脫脫一枚「大帥哥」！

當天的同學會，簡直就是一場「勵志演講會」！

原來他高考之後去了外縣市，一開始還是不善言辭，也不懂得穿衣打扮，開學的時候和別人一比，簡直就是鄉巴佬進城，他這才意識到自己需要改變了！

一開始他什麼也不懂，看同學穿什麼就買什麼，捨不得用家裡的錢就自己打工賺錢，加上他的個子也在大學期間奇蹟似地長高不少，漸漸地，有人開始注意到他，人也變得更有自信。

畢業後，他去一家外商公司工作，交到一個漂亮的女朋友，今年年底就要結婚了。

或許曾經其貌不揚、默默無聞，如今他搖身一變，逆襲成了「高富帥」！

現實很傷人，你覺得自己沒有別人漂亮，但起碼你很努力。可是，到頭來發現，比你更努力的人比你還漂亮，你只能安慰自己：沒關係，還有人比你更醜——卻想不到，比你醜的人過得比你還幸福。

比你漂亮的人比你努力，這樣才能讓他們的成就配得上自己的外貌；比你醜的人比你還努力，這樣才能用他們的成就來彌補自己的外表。

比你漂亮的人比你努力，難道這就該是我們放棄努力的理由？

不是！如果我們不想比上不足，比下「還慘」，那我們只能更努力，這樣才能和優秀的人並肩同行。

萬事如意的前提是，要有錢

是的，
有時候，有錢可以買來一切！

小A畢業沒多久就應聘進入我們公司擔任櫃檯，工資不高，僅夠她平時的基本開銷。不過，她覺得女生只要有份穩定的收入就好，工資高不高無所謂。

小A有位男朋友，據說在大學時期就在一起了。對方家庭條件一般，父母都是普通工人，自己也剛畢業，實在是沒多少積蓄。

他們本來準備一畢業就結婚的，但是小A的父母一直不同意。小A也因為這事一直和父母抗爭，或許在她看來，愛情才是婚姻幸福的基礎。

然而，有一件事徹底改變了她的想法。

情人節那天，小A和男朋友準備甜甜蜜蜜地過出社會後的第一個情人節。

那天晚上他們看完電影後，打算去平時最喜歡的一間小吃店，路上看到很多女孩子懷裡都抱著玫瑰花。其實小A也很想要。從他們在一起到現在快四年的時間，她一次玫瑰花也沒有收到過。

上學的時候，兩個人生活費都不高，小A不介意沒有玫瑰花的情人節，因為大家都還是學生，能省就省，沒必要搞這些噱頭。可是現在，他們已經畢業了，也各自有了穩定的工作，卻還要過這種「廉價」的情人節——甚至連一件像樣的禮物都沒有，連一間像樣的餐廳都沒去。

我們常常天真地以為，靠著微薄的工資養活自己就夠了，賺那麼多錢怎麼花呢？可是誰不想過著想吃什麼就吃什麼、想買什麼就買什麼的日子？只是達成這些條件的前提是——你要有錢！

小A遞了辭職信。

「我想通了，之前我一直覺得人生就是要輕輕鬆鬆地度過，拼命賺錢不是我的風格，自己舒服才是最重要的。但是現在我明白了，只有努力賺錢才能讓我真正過得舒服，我現在以為的舒服，不過是自欺欺人罷了！」

小A辭職後，報名參加了很多培訓課程。

小A的專業是人力資源管理，不過她不打算從事相關工作。她一直很喜歡美術設計，從小就學畫畫，只是因為怕辛苦，所以在填志願時選擇了較為輕鬆的方向。現在的她準備拾起畫筆，重新奮鬥，於是開始了辛苦的考證照生活。

已經很久沒有看到她了，聽說她後來在上海某間設計公司任職，雖然現在還只是一名小職員，但相信她將來一定會成為公司的首席設計師。不僅如此，聽說她還在空餘時間幫一些出版社的書籍畫插畫，賺的錢雖然不多，但也算是一筆收入。

相信在不久的將來，她可以實現自己的夢想，過上真正「舒服」的生活。

現實中很多人都覺得「錢不是萬能的」，甚至有些情侶在結婚之前都覺得愛情才是最重要的，過得舒服才是最重要的——有沒有錢並不重要，只要兩人真心相愛，有困難兩個人可以一起想辦法解決，沒有什麼好怕的。

可是結婚後你就會發現，現實生活是建立在物質之上的，食衣住行都離不開錢，有了孩子之後的開支更大。所以，貧賤夫妻百事哀。

當你為了幾塊錢和小販據理力爭時，當你看見喜歡的衣服的第一反應是看價錢時，當別人的孩子在用iPad玩遊戲而你的孩子卻只能玩泥巴時，你才會發現，有錢是多麼重要的一件事！

昨晚刷了朋友圈，看見大學時期一位堪稱為「白富美」的同學發了一條訊息：「離夢想又進了一步！」底下配圖是她和某著名鋼琴家的合影，並附上一張鋼琴家的簽名照。

我不禁想起大學時期，我們班有位「小白蓮」，她來自一座小城鎮，家境一般，每個月的生活費一千塊。

而這位「白富美」恰恰相反，她是家裡的獨生女，父母是著名企業的總裁，所以她穿的衣服、用的化妝品都是最高級的名牌產品，可說是名媛貴婦的級別了！

本來這兩個人的生活應該完全沒有交集，可是有時候緣分就是這麼奇妙——她們兩個人都喜歡彈鋼琴，連喜歡的鋼琴家都是同一位。只是，每次在學校大型活動中登臺表演的都是「白富美」，而「小白蓮」就像小說故事裡被有錢又惡毒的女二號打壓的女主角一樣，成了大家惋惜和安慰的對象。

大部分人都有仇富心理，對於有錢人取得的成就，總會那麼酸酸地諷刺幾句：

「彈得這麼難聽還能上臺，不就是家裡有點臭錢！」

「我要是像她這麼有錢，一定彈得比她好聽上萬倍！」

「你彈得比她好聽多了，你上不了台，就只是因為她家裡有錢。」

時間久了，那位「小白蓮」也覺得自己像被搶盡風頭的苦情女主角，「白富美」得到的一切榮譽和讚賞都應該是自己的，每每看到「白富美」都是欲言又止的樣子。

小時候，「小白蓮」家裡買不起鋼琴，就從電子琴學起。長大了以後則租琴練習，甚至為了增強手指的靈活度，她每天打字兩小時，練到十指紅腫。後來，家裡條件好了一點之後，總算能買一臺二手鋼琴，她開心得不得了，以為自己的夢想終於有機會完成了！

可是，為什麼現在有一個人，沒她努力、沒她辛苦，彈得也沒她好，就因為有錢，就可以把屬於別人的機會輕而易舉地搶走——有錢就了不起嗎？有錢就可以買來一切嗎？

是的，有時候，有錢可以買來一切！

有錢的「白富美」，可以在小時候就收到價值昂貴的鋼琴，可以請大師級的老師一對一教學，可以去聽世界級的鋼琴演奏會，甚至可以舉辦一場小型的個人鋼琴獨奏會，還可以請來她最喜歡的鋼琴家一起合奏。

世界上有很多的不公平，有錢人可以養活自己的夢想，而不有錢的我們只能更加努力，唯有努力才能養活我們自己，並讓我們完成自己的夢想。

醒醒吧！給你一百萬你也當不成富翁

別看不起路邊的乞丐，
說不定人家以前還是個億萬富翁呢！

打開每天的新聞網頁，幾乎都能在某個專欄裡看到誰誰因為買彩票一夜暴富，某某又因拆遷獲賠幾百萬之類的消息。

此時的你一定在想，哎呀！這麼好的事怎麼就落不到自己頭上呢？如果是我中了一百萬，我就變成富翁，我可以……

又或者在電視上看見報導，這位富二代留學歸來後怎麼樣怎麼樣、那位富二代憑藉多少多少資金如何成就一番事業。然後你在心裡暗想，把這個資金給了我，我也能做出一番事業。

你說那些富二代不就是有點錢嗎？他們靠爹娘給的資金成功，所以你認為自己有了一百萬、有了那些資金也能成功啊？

你是不是在跟我開玩笑？你也知道，人家拼的是爹娘啊！爹娘除了有錢還有什麼？教育！人脈！

你有什麼？哦！我忘了，你有夢想。

哥們，請轉身，看見沒——浙江衛視《中國好聲音》，慢走不送。

「一夜暴富」是每個人都喜歡的夢，每個人都希望可以美夢成真。彩票給人們提供了這種機會，中大獎則意味著人生能有所轉變。有了意料之外的大錢，可以做生意、可以買房、可以投資、可以移民……等，可以過任何自己想過的生活。

那麼，百萬大獎的得主最後都去哪裡了呢？他們是否發財致富，走上人生巔峰了呢？

據調查，近二十年來，彩票中獎者的破產率每年高達百分之七十五，每年十二名中獎者當中就有九名破產。看吧！好刺激，簡直跟坐過山車一樣，有沒有？

原來的一位同事老張，父母早逝，年近四十歲還沒結婚，除了有一位關係不穩定的女朋友，可算是孤家寡人一個。

為了擺脫窘困的生活，老張經常購買彩票，但由於金錢問題，每次只買一張。他說，自己對這種碰運氣的事並不抱有太大希望，但試試看總是好的，萬一就走狗運了呢？

上天也不知怎的就想不開，真的把餡餅砸在他頭上了！每次只買一張彩票的老張，竟然中了一百萬大獎。

天降橫財，不僅讓老張沖昏了頭腦，還讓他成了眾多女性追逐的對象。好在老張還算是個有情有義的人，最後仍然選擇和女友結婚。他的女朋友對這種天降好事十分高興，他們兩個帶著一百萬和富翁夢進入了婚姻。

結婚後，老張失去了先前的冷靜與謹慎，開始極盡所能地想再多賺錢。他先是辭掉了工作，然後在對理財沒有任何了解的情況下，用獎金購買股票、投資房產，還做起了生意，並且還大方地拿出五萬元來分發給所謂的親朋好友——就連區區敝人我都分到了一千元呢！

這真是錢多人傻，這樣的同事請給我來一打，好嗎？

不僅如此，他與妻子還過著極其奢侈的生活，換新房、買豪車，每天大吃大喝，極盡享樂之事。妻子還算稍微理智了一點，大概有針尖那麼大吧！她對老張的行為頗有微詞卻也無法出面勸阻，因為誰不喜歡過享受的生活？

但是好景不常，對於財務規劃一竅不通而盲目投資的他們，不到兩年時間就花光了所有的錢。

過慣好日子的他們，也無法再回頭過沒有錢的簡樸日子，面對金錢匱乏的困境，老張毫不猶豫地把房子、車子都變賣了。

但是，這樣依然無法維持老張大手大腳的生活，妻子無法接受巨大轉變帶來的落差，選擇與他離婚。老張最後連棲身之所都沒有，只能搬到一間狹小的出租房裡生活。

學不會對借錢的人說不、學不會對揮霍無度的奢靡生活說不，同時保持不了情緒的穩定，不停炫耀自己的財富——畢竟錢來得太容易、太突然。

這樣的飛來橫財真的沒有什麼價值，反而會讓部分人開始迷惘、墮落，進而掉入被錢玩弄的漩渦。

如果說手裡有幾十萬、幾百萬就能成為富翁，那我身邊的富翁也勉強能用群來做單位了。

我是鄉下人，小學乃至高中的同學，條件自然也差不多，家境好不到哪裡去。伴隨著城市發展的快速，有幾位同學在城市的改造過程中獲得了大量的拆遷補償費用，手裡握著數間房子和數百萬鉅款。

這些人被冠以「拆一代」的稱號。做為上天選中的寵兒，他們覺得應該做點什麼來體現自己的優越，於是，紛紛選擇「主動失業」，過起揮霍無度的生活。

為了尋求刺激，有個同學還沾染上賭博的惡習，成天泡在賭場裡，一天輸個幾千、幾萬元，半年則輸個幾十萬、幾百萬元已是日常。「一夜暴富」之後，很快地遭遇到「一夜返貧」。

當然，也有人看起來挺冷靜理性，不再本分地從事原來的工作，而是利用這筆飛來橫財進行創業，希望能讓事業和生活蒸蒸日上。

但是，他們都不約而同地摔了個四腳朝天。

究其原因，在天上餡餅砸下來之前，他們的生活水準並不如意，對金錢的觀念也不甚清楚，沒有系統性的理財思維，投資、創業的方向不對，對現代社會和時代發展的需求不甚瞭解。

而他們也沒有追求向上的精神，受教育的程度普遍較低，工作技能也不夠強，因此，他們一旦得到鉅款，而這筆鉅款又不是靠自己辛苦血汗所掙來的，這時，他們就不會像對待以往薪資收入那般小心謹慎。加上對奢侈品、豪宅、名車的好奇，使他們的慾望無所節制，所以，他們不破產誰破產。

最重要的是沒有人脈關係、沒有精準眼光、沒有專業能力。要想成為富翁、成為成功人士，錢反而是次要的東西。

上學時，老師曾問過我們一個問題——有一個人，他每天什麼也不幹，好吃懶做、混吃等死，卻是百萬富翁，這是為什麼？

同學們眾說紛紜，腦洞大開卻沒一個答得上來。最後老師給了答案——因為他是個千萬富翁。

所以，別看不起路邊的乞丐，說不定人家以前還是個億萬富翁呢！

要是萬一哪天你家祖墳冒青煙，讓老天開眼了，給你一百萬，你就老老實實放在銀行裡生利息吧！別是富翁沒當成倒變成了乞丐。

先有當老闆的覺悟，才能有當老闆的機會

不想當將軍的士兵不是好士兵，
不想當老闆的員工也不會是好員工。

朋友唐是一家琴行的店長，他一直夢想著自己存夠了錢、學夠了經驗，就要自己開店當老闆。不過，這個夢想至今還僅限於夢想。

唐的工作態度不能說不認真，每天都是第一個到、最後一個走，只要遇到有經驗的人，絕不放過一絲可以請教的機會，什麼資金鏈啦、銷售模式啦，還是人員管理等，還報名參加了一個關於行銷管理的培訓班。

可是這一切似乎沒什麼用，他的業績始終提不上來。

週末這天，我去琴行探望唐。我在的期間，只有三位客人來過，先是一位衣著較樸素的老先生，我見唐沒有過去招呼的打算，以為他沒看見，便低聲提醒他。

唐抬頭看了一眼，對我說：「你看他一直在盲目地亂轉，可見沒有固定的目標，多數只是瞎看，不會買的，那我何必浪費口水？」

果然，老先生晃了兩圈後就離開了！

感情這一年你就練出了個觀察力，怪不得業績提不上去——人家沒有目標，你就用你的三寸不爛之舌讓人家有目標啊！潛在客戶懂不懂！

唐的老闆姓陳，他每天早上十點都會到琴行賣場轉一圈。

這天，陳老闆像往常一樣到店裡來視察工作，第一件事便是問唐今天的業績。唐低頭看了看紀錄表，說道：「今天上午只賣出去一把電吉他。」

陳老闆一聽，便問道：「怎麼只賣了一把電吉他？」唐用店員的標準答案回道：「因為沒人。」

唐的話音剛落，陳老闆的臉馬上就板了起來：「沒人！你不會去招攬顧客啊！」

恰巧這時一位顧客走進琴行，陳老闆便親自去接待。顧客是一名中年女性，帶著一個十歲左右的女兒，一直在古箏區兜晃著，看樣子是想給孩子買一架古箏。

陳老闆連話家常帶講商品花了一個多小時，從古箏的歷史講到古箏教師的職業發展，從木料材質說到如何辨別弦的優劣，簡直稱得上博聞強識——見識之廣，讓人不得不佩服萬分。

陳老闆舌燦蓮花地把自己家的古箏吹捧得天上有地下無，口才真是沒話說的了。最後，這位顧客終於不負所望地購買了一架價錢昂貴的紅木古箏。

而且在這段時間內，店裡的客戶從未間斷過，短短兩小時內就做成了好幾件生意，可見店裡的顧客流量並不小。

可是，唐也並沒說謊，在老闆到店之前，確實只進來過三位顧客，兩位都是瞥一眼就走了，只成交了一件。那為什麼老闆來了以後就能帶動人氣、留住顧客、增添這麼多業績呢？

其實，這是大多數店家的普遍現象。

老闆看起來都格外精明犀利，說話方式極具藝術性，比頂尖銷售員還會招徠顧客、比店長會販賣貨品，做起事情來也格外有條理。要是他在店裡，顧客通常比較滿意他，也比較願意聽從他的建議和服務，甚至不少回頭客都指名要老闆幫忙介紹產品。

為什麼會產生這種現象？

因為老闆都比職員更能幹嗎？因為老闆比職員更聰明嗎？因為老闆的經歷比職員更豐富嗎？還是因為老闆能做主給顧客更優惠的價格？

你想太多了，其實都不是，最主要的原因是——琴行是老闆自個兒的店。

廢話，對自己的店，誰不會盡最大的心力？

對於每件生意，老闆都是最大的受益者，而利益就是驅使他們的最大動力——自己的店遇到問題時，他們會努力思考該怎麼解決這個難題，使自己的利益最大化、自己的損失最小化。

而職員只是抱著打工的心態在工作，即使工作再賣力，獲利也不是自己的，說到底都是領死工資，得過且過最為舒服。所以打工的人，在遇到問題的情況下會想，這麼艱鉅的任務，我應當怎麼避開呢？

一個是在尋求解決問題的辦法，一個是在抱怨難題甚至是要逃避難題。同樣的問題，他們都從自身的立場思考。

店裡沒人氣，顧客流量低的時候，老闆就會想：我應當怎樣做才能招攬到更多的顧客呢？抱著打工心態的職員則會想：怎麼老是沒人呢？再這樣下去，做不出業績、拿不到多少獎金，一直待下去也沒什麼意思，要不另尋出路？

客人來了，老闆會想：好不容易進來一個客人，我務必要將這筆買賣做成才行。在客人沒看中產品的時候，老闆也會繼續和顧客聊，知道原因後，則表示顧客以後可以帶想要這類款式、這項產品的朋友來，會給他們最大的優惠。抱著打工心態的職員則會想：這個客戶有沒有消費能力？是不是真的會買？會不會浪費我的精力，讓我白費唇舌最後又沒做成生意？

業務沒有成交時，老闆會想：是什麼因素導致這筆買賣沒有成功？是我的服務態度不夠好？還是我的解說不夠到位？抱著打工心態的職員則會想：這人看著就懶懶散散的，可能是他不識貨吧？這人一看就不是真心想買，只是想來耍人玩的吧？

就因為這樣的觀念差異，使得老闆和店員的態度截然不同，而客戶便能一眼看出誰是老闆，而這兩種態度自然會讓客戶的購買慾有所區別。

店員會想，反正這個店鋪也不是我的，我再努力頂多也只能再拿點業績獎金。其實，這個觀念大錯特錯。如果你的老闆以前是幫別人打工做員工的，他一定是把那個店當做自己的店來經營的，否則他今天不會成為老闆。

拿破崙說：「不想當將軍的士兵不是好士兵。」同樣，不想當老闆的員工也不會是好員工。但是，老闆豈是普通的阿貓、阿狗都可以當的？

當老闆究竟需要哪些覺悟呢？

其實只需要做一點──在工作時以創業的心態去工作，把你所在的公司當成自己的公司去經營、維護。能做到這點，人人都可以當老闆。

人這一生都在做一個遊戲：找自己的主場

人這一生就是在不斷地尋找、不斷地嘗試，最終才能找到自己的生涯主場。

時常看到網友在抱怨工作不順心、家庭不順心、學業不順心、老闆吩咐的事做不好、老婆交代的事做不到。但是為了生活，又有什麼辦法呢？不喜歡做的事要逼著自己做，不會做的事要學著做，這年頭工作太難找，老婆則更難找！

我的朋友小K，從小就喜歡唱歌、跳舞及畫畫這類充滿藝術氣息的活動，只是我每次都欣賞不來——在我看來，她唱的歌就比普通人好聽了那麼一點，舞倒是跳得還可以，聽說還得過學校舞蹈大賽的第三名。

至於她畫給我的生日禮物，我拿給我媽看的時候，她開心地誇了一句：「這個畫得好，像樓下的張大爺。」

雖然那時候小K的技術還不嫻熟，但是比起我這種完全沒有藝術細胞的人來說，已經是很好了！

高考填報志願的時候，小K選擇了外縣市的一所藝術學校，分數勉強過關，但是選不了自己中意的科系，只是和藝術沾了點邊，也算得其所願了吧？

開學之後，我們還保持著聯繫。唱歌、跳舞這些愛好她已經荒廢好久了，只有畫畫一直堅持，或許因為這會對她的專業有點幫助，畢竟那時她就立志要做一名設計師。

只是她的成績一直不好也不壞，但她從來沒有放棄過，相信只要自己努力，將來一定會成功！

畢業後，她不想按照父母的安排回老家工作，選擇留在外地，每天投十幾份簡歷，有時候甚至一整天都奔波於各個公司面試。因為上學時成績並不突出，而她又想實現自己所謂的夢想，不肯輕易妥協。後來經過多番磨難，終於進了一家相對滿意的廣告公司，做起了平面設計。

我聽了很為她高興，覺得她總算苦盡甘來！

所以在我接到小K打來的電話時，在她說要辭職的時候，我很詫異！

「我覺得我根本不適合這個行業，每天都加班到很晚，別人一天能做完的工作，我要每天加班到半夜才可以完成，客戶還不滿意，我真的感覺很累。」

「前幾天接了個大訂單，客戶是我們老闆的朋友，一定得全力以赴拿出最好的作品。我連續加班了一週，都沒有拿出讓主管滿意的方案，我覺得自己真的太失敗了，什麼都做不好，我現在被打擊得快得憂鬱症了！」

我能感受到電話那邊小K的無助和疲憊，成為設計師一直是她的夢想，她選擇放棄的時候一定經過了一番痛苦掙扎，直到現在心裡或許還有一絲顧慮，怎麼能因為一些小困難就放棄？打給我這通電話的時候，恐怕也是想得到我的支持。

堅持一件不可能完成的事，很難；放棄一件一直夢想的事，更難！

大學畢業剛剛進入職場的時候，我遇到一個和我一起等待面試的女生，她是來應聘會計職位的，因為只有我們兩個人，所以我們在等待過程中閒聊了起來。

她告訴我，她畢業已經一年了，之前在一家私人公司做行政助理。她是會計專業出身，畢業之後想找一份會計之類的工作，但當時那間公司的會計職位她沒有應聘上。

一年後，她發現自己不是很喜歡行政助理這種單調的工作，就毅然決然地辭職了！然後看到現在這家公司正在招聘會計，她就想來試試看。

我問她，如果這份工作她還是不喜歡或者做不好怎麼辦？記得她當時回答我說：「那就再換啊！三百六十行，總有一行適合自己的。」

我不禁在心中為她豎起大拇指，身邊一定有很多人不贊同甚至反對她這種行為，但是她並沒有因此而放棄她想尋找的生活。

後來，我們倆都很幸運地被錄取了，只不過不在同一個部門，平時來往得少，只有在公司遇到的時候才打個招呼，所以我對於她是否適合或者喜歡會計這個職業並不了解。

半年後，有一天我收到她發給我的微信，說她準備辭職了！

我好像早就有心理準備一樣，一點也不意外，甚至沒有問她辭職的原因，只覺得她這種行為實在瀟灑，並祝福她能夠儘快找到一份自己真正喜歡的工作。

我再見到她的時候，她已經成為一家外商公司的銷售總監，並且準備在那個城市定居。她說很喜歡現在的工作，每天和不同的人打交道讓她充滿了挑戰，每天都精神滿滿！

看得出，她很享受現在的狀態。

記得上大學的時候，有一門課程是關於未來職業規畫的，上課的時候都要做很多心理測試和職業規畫，選擇最「適合」自己的職業。然而沒有真正體驗過，任何人都不能憑藉一份調查報告來確定自己未來的就業方向。

畢業前還記得老師曾跟我們說：「畢業後的第一份工作對你今後的人生有很大的影響，甚至會決定一個人一生的發展方向。」可是對於當時的我們來說，根本就不知道自己適合做什麼樣的工作，又能做什麼樣的工作。

剛剛離開學校的我們，面對社會這個大染缸，感到茫然失措，大多數人要不是盲目地選擇一個看起來很熱門的職業，要不就是拋開一切現實問題去追尋自己的夢想。

也許你能憑藉自己的能力或者運氣成為行業精英，但是你也可能發現自己根本勝任不了這項工作，在別人看來體面光彩的工作非但沒有帶給你豐厚的回報，還給了你莫大的壓力和痛苦，讓你寸步難行！

你選擇的不是真正適合你的，這並不可怕，可怕的是不願意輕易去改變，甚至懦弱地想著，誰能保證下一個就一定更好呢？哪怕現在的一切，已經讓你感覺到壓抑和窒息了。

其實，人這一生就是在不斷地尋找、不斷地嘗試，最終才能找到自己的生涯主場。你要相信，下一步的路一定會充滿鳥語花香！

第三章

現在不努力，將來只會更艱難

現在不努力，將來只會更艱難

每個年齡都有其自身的責任和義務，
什麼年紀就該做什麼事。

我曾經以為，二十多歲時是自己人生中最艱難的時刻。

那時，為了一份沒有未來的愛情，獨自坐十幾個小時的火車到另一座城市與喜歡的人相見；為了一份薪水不多的工作，加班到深夜，然後在天亮後拖著疲憊的身體回家；生病了沒有家人的照顧與陪伴，一個人去醫院吊點滴，回來時又碰上了一場大雨，從頭到腳都被淋了個遍……

直到春節回家，親眼目睹眼前的一幕幕畫面，我才由衷地感覺到：二十多歲並不是一生中最難熬的時光，甚至說，如果現在不努力，將來只會更艱難。

有天，哥哥的幾位同學來家裡找他。時隔多年，他們幾個人依然說說笑笑，感情好得像小時候一樣。

為了招待老同學，哥哥特意下廚，要燒幾個菜。開飯前，其中有位個子高瘦的男人向我打聽：「北京有什麼我能做的工作嗎？家鄉這邊的待遇實在太差啦！很難養家糊口。」

此時此刻的他，穿著一件嶄新的棉衣，腳上是一雙油光烏亮的黑色皮鞋。再看他的臉，眼角已經有了歲月的痕跡，幾條皺紋會在他笑或說話的時候跑出來。

令我驚訝的是，只是四十歲的年紀，他竟已經滿頭白髮。

「你會些什麼？」我沒有直接回答他，而是這樣問道。

「開車，我從技術學院畢業後就一直給主管開車，網路方面的我不懂。」他馬上回答我。

「那你到大城市裡也只能找份相同的工作，或學個裝修，從最簡單的學徒開始做。」

聽了我的話，他馬上低下了頭，不再說話。

那一刻，我能感受到他內心的掙扎，特別是在這樣一個看似喜慶的節日裡，他的內心似乎並不輕鬆，仍在為生計發愁。

我也能想像，做為一個四十歲的中年男人，上有老、下有小，他有龐大的壓力。

我想，當我活到四十歲的時候，也會像他這樣為了養家而愁眉不展嗎？當我到了那個年紀，我有沒有實現自己當初的願望或者靠自己的能力把一家老小都照顧妥當呢？

我不敢輕易地下結論，表示他年少時一定不曾努力，因為我根本不了解人家的過往。

後來，我聽家裡人說，我哥哥的那位同學，在一開春就背上行囊去了大城市。母親還跟我說，那麼大年紀的人了，出去跟二十多歲的年輕人競爭，能拼過什麼呢？

可是我卻不這樣理解，四十歲也並非到了就該享受的階段，在大城市，很多五十多歲的中年人都在努力拼搏。哪怕他沒有任何優勢，只要有這份堅持努力的決心，有這份勇敢嘗試的決心，就已經是個了不起的人了。

人一生所要受的苦，終究會一一到來。「躲得過初一，躲不過十五」，現在不努力，將來只會更艱難，因此吃苦要趁早。

我姐姐也是在剛畢業時就獨自出去闖世界了。那半年，她幾乎很少給家裡打電話，每次都只是簡單報個平安，閒聊個幾句就掛了電話。

我讓她拍幾張住處的照片給我看，她總是回絕：「有什麼好看的，等你來了自然就能看到。」

後來我才知道，大城市的生活並不像想像中那麼美好。

姐姐不拍照片給我看，是因為她住的地方很簡陋，十坪大小的屋子僅有一張單人床、一把小凳子，半夜想上廁所還得穿衣到樓下，睡覺時偶爾還會聽到老鼠啃木頭的吱吱聲。

當我得知了這一切後，有些感傷地打電話問候姐姐。她半開玩笑地說：「你知道嗎？

這座城市裡有很多像我這樣蝸居的人，因為要租一間獨立套房真的很貴！」

我說：「姐姐，覺得太辛苦就回來吧！至少家裡有乾淨舒適的床鋪，有媽媽親手做的可口飯菜，什麼都是現成的。」

可姐姐說：「不要，我覺得待在那裡挺好，我已經長大了，應該學著獨立生活。等以後條件好了，還要把媽媽接到城裡住。」

老人們常說，每個年齡都有其自身的責任和義務，什麼年紀就該做什麼事，這樣的人生之路才會越走越順，越走越精彩。

二十多歲正是一生中最美好的時光，年輕人理應拿出全部的精力去奮鬥、去吃苦。如果你因為害怕承擔責任，不想辛苦就選擇逃避，那麼以後當你老了，就會更加無依無靠，生活也將更艱難。

每個人活在這個世上都只能依靠自己，對女人來說，道理也一樣。我從來不相信所謂「嫁人是女人第二次改變命運的機會」之說法，就算你嫁了個很有錢的人，確實可以少奮鬥、少辛苦十年，那你老公呢？

你要知道，你之所以不用付出，是因為他一個人扛起了兩個人的責任，也所以你才會感到輕鬆。

不想將來更辛苦，就趁著年輕趕緊努力奮鬥吧！

做好現在，就等於未來已經成功了一半

任何一項技能，
都會讓你在必要的時刻，英雄有用武之地。

跟朋友聊天時，他們最常提到的詞就是「迷茫」。

有些迷茫是因為目標不明確，沒有真的下定決心要從事哪一種行業、做哪一類事情；有些迷茫是因為看不清方向，想要行動卻找不到方法和策略；有些迷茫則是因為急功近利，想要用最短的時間獲取最多的利益，冀望能因此得到更多人的青睞。

其實，這種現象並不少見，很多人因為不知道未來要做什麼，也對目前所做的一切沒什麼興趣。

這種想法是不對的。

走出校門的學生，沒有受過正規的職業訓練，很多問題都是第一次遇到，所以會感到困惑慌亂。很多人迫於生活壓力，隨隨便便找了份工作來做，時間一久就覺得這份工作自己並不喜歡，但又不知道該去找什麼樣的工作，也擔心自己找不到理想的工作。

事實證明，當你沒搞清楚自己的長處在哪，不清楚自己更適合、更喜歡做哪項工作時，就會病急亂投醫，到處盲目地換工作。到頭來，越換越失落，越做越不滿意。

一項調查資料顯示：美國人平均一生只換四份工作；日本人則更少，頂多兩次。可是中國的大學畢業生，因為太過迷茫，不知道如何選擇，畢業五年間就能換上四、五次，有些人甚至更多。

其實，就算天底下最聰慧的大學畢業生，也不一定就能夠在剛走出校門時，就馬上能摸索釐清自己想做什麼，而未來會是怎樣。大部分人都是在不斷的自我探索中，付出時間、精力，甚至是各種失敗的代價，才逐漸清楚自己適合做什麼。

當你看不清未來時，請不要停止眼下的努力，只有走好腳下的路，才能一步步擁有成功的未來。

對於一個剛畢業的學生來說，迫切地找份工作是很重要的一件事，但同時要給自己一到兩年的時間，攢夠需要的錢，同時，也要讓自己慢慢地發掘、培養興趣愛好。

當你有足夠的資本來支撐自己的生活開銷時，當你真正想明白自己決定走哪條路時，再開始展開全新的嘗試也不遲。

頻繁地換工作，是所有策略中的下下策。

你需要不斷地去適應全新的環境，在緊張的氛圍中開始一天的工作。浪費了寶貴的時間，也沒能掌握並學習到新的技能，這是非常可惜的。

沒有人能從一開始就找到正確的那條路，做任何事情都需要厚積薄發，一步步地循序漸進。

時下最炙手可熱的相聲明星岳雲鵬，在尚未成為出色的相聲演員前，只是一家餐館的服務員。

岳雲鵬出身貧寒，十四歲輟學後開始到處打工。為了混出個人樣，他當過保全、清潔工、廚房打雜、飯店清潔人員，可說是看盡了人情冷暖，吃遍了各種苦頭。

岳雲鵬到北京的第一份工作，就是做某個社區的保全。他並不滿於這份工作，總想要學得一門技術。

於是，在朋友的介紹下，他來到一間美食城打工，跟著師傅學習切菜、燒菜，每天都累得腰酸背痛。就在他興致勃勃地朝著未來努力時，竟被餐廳老闆無情地開除了，只因為老闆的弟弟要來頂替他的工作。

後來，朋友又介紹他去酒樓打掃。原以為這次可以穩定一些，卻又因細故遭酒樓老闆刁難而被迫離開。

走在北京的街頭，看著周圍來來往往的人群，岳雲鵬陷入了傷感與迷茫。他不知道自己的未來在哪，更不明白只是想要一份穩定的工作、想學點東西，為什麼總是這麼難。

哭過以後，他決定重新再來。即使未來暫時還看不清，也還是要努力走好腳下的路，說不定守得雲開見月明，哪天上天會看到他受的苦，為他開闢一條好的道路。

之後，他做過餐廳服務生，也跟著同學學電焊，依然受盡艱辛與委屈。每份工作，他都盡心盡力，業餘時間還在努力琢磨自己能多學點什麼手藝。

有天，一位唱京劇的老熟客對他說：「我覺得你的嗓音不錯，乾脆去學說相聲吧！」老人一句無心之言，岳雲鵬聽到心裡去了，他決心要去學說相聲。

於是，二〇〇三年的某天，岳雲鵬跟店裡的一個小夥計開始天天到德雲社去聽相聲，一門心思要拜郭德綱為師。

因為他倆什麼都不會，所以一開始郭德綱沒答應收他們為徒。可是他們兩個人始終不死心，每天堅持到臺下聽相聲。

三個月過去了，郭德綱被他們兩個人的執著打動了，就對他們說：「那就跟著我學吧！」

二〇〇四年三月，兩個人一起辭掉工作，拜郭德綱為師。

那時候德雲社剛剛起步，經濟不太寬裕，岳雲鵬每個月只有幾千元的生活費，他一度想要打退堂鼓——還是回餐館吧！至少每個月還有上萬塊的收入……

可是這個想法很快就被打消了，他繼續跟著師傅學說相聲，從最基本的《報菜名》開始，每天要背幾十遍。為了練習普通話，他經常站在室外拿著報紙大聲念。

經過一年多的刻苦訓練，岳雲鵬總算能說上幾段流利的相聲，開始正式登臺表演了。第一次表演很不順利，沒經驗加上緊張，表演效果不佳，他幾乎是被觀眾轟下了臺。

下臺後，他跑到後臺哭，此後半年多，郭德綱沒再讓他上臺表演。

那次失敗後，岳雲鵬聽到很多負面的話，大家紛紛勸他放棄，說他根本不是說相聲的料。這些話很刺耳，讓他很難過，也讓他對未來再一次感到迷茫。

徹夜未眠的某天天亮以後，他做了個決定——不能就這麼放棄，就算真的不行，也要確實地努力一把後再來決定。

經過無數次的磨練，二〇〇六年，他上臺表演的相聲，第一次把觀眾逗笑了。那一刻，成功的喜悅佔據心頭，讓他對未來充滿了堅定。

二〇一五年春晚，憑藉著《我忍不了》，岳雲鵬徹底走紅，終於被全國觀眾認可、喜愛。

這一路走來到底經歷了多少艱辛與酸楚，我想也只有他自己才明白。而他在不確定時所做的每個選擇，都奠定了他今日的成功。

做好現在的每分每秒，堅持走好腳下的每一條路！

當你看不清未來時，認真把握好現在，這是你唯一正確的選擇。如果你是名學生，就好好學習，努力提升自己的學業成績；如果你是名企業員工，就努力提高職業技能，做個出色的員工。

任何一項技能，都會讓你在必要的時刻，英雄有用武之地。別再藉頻繁地換工作來逃避自己的軟弱，這一份工作做不好，就算換了其他工作也是一樣。當你能把眼前的事做到極致，就等於你的未來已經成功了一半。

迷茫並不可怕，去做，就不會迷茫。

只要還有夢想，你就還有青春

青春就是拿來折騰的！

我認識一個「九〇後」的作者，說他是作者似乎不夠貼切，因為他真正的職業是一間年營業額高達幾千萬的培訓公司老總。

他並不是富二代，他的家庭條件甚至還十分貧困，那他是怎麼走到今天的呢？在一次聊天的過程，他講述了自己的故事。

他從小就有一個夢想，希望以後可以環遊世界，至少也要到外邊的世界去看看。而如果想要實現這樣的夢想，他就必須要學習英語。

小時候他家裡很窮，一年到頭所有的收入就靠十幾畝莊稼以及父親隔三差五打零工賺來的錢。用他的話來說，看到別的小朋友吃棒棒糖，他都要羨慕半天，想吃上一碗泡麵，還得是在生病的時候。

在這種情況下，他能接觸到的所有英語知識，只能來自英語課本。一學期下來，他的英語課本是全班同學中最破爛的，書裡的每一頁，他幾乎都能背下來。但這些並不能滿足他的渴求，為了能夠買新的英語書籍，他開始利用寒暑假給別人打零工。

最初所有人都不願意用他，覺得他年齡太小。可是耐不住他的軟磨硬泡，一個工頭答應了他。他說那是他的第一份收入，一整個暑假掙了上萬元。

就這樣，他開始了假期的打工生涯，從國中一直到大學。

大學畢業以後，他找了份英語教學工作。

為了方便上班，他在公司附近租了間房，他說：「房間也許是許久沒有人住過了，灰塵彌漫，又很潮濕，我不得不一遍又一遍地擦拭床鋪，再花上數小時把地板和洗手間清理乾淨。」

「那間房子僅能放下一張床，牆壁破損不堪，沒有書櫃和衣櫃，還沒有廁所。每次想上廁所，都得跑到巷子對面的公廁去。」

起初收入不高，他卻做得很起勁，總覺得這也許就是自己最想做的事情。然而時間長了，他開始迷茫起來。

難道生活就這樣了？沒有太大的壓力，也不用太多的激情，每天都是人來人往，這樣的生活似乎還不錯，至少不像以前那樣因為想買本書就要花費整個假期去做苦工。

在一次與朋友聚會的時候，大家都喝得酩酊大醉，開始紛紛抱怨工作，抱怨生活，似乎除了自己，這世界上沒有什麼是不被抱怨的。

他就這樣聽著。其實他也想抱怨，只是那些陳詞濫調被反覆咀嚼無數次了，他實在提不起興趣再說一遍。

就在大家發著各種牢騷時，突然有個念頭從他腦子裡一閃而過：「我天天抱怨、天天發牢騷，因為這根本就不是我想要的生活。從小到大，我一直都在為自己的夢想做準備，這時候反倒忘記了？我竟然變成混吃等死的人！」

第二天他就辭職了。

可夢想歸夢想，他想環遊世界，現實卻是他兜裡的錢也許都還不夠讓他走出國內，那可怎麼辦呢？他唯一的優勢就是英語了，不然就開間英語補習班。

大學四年，每個假期他都在補習班打工，現在也算駕輕就熟。補習班開始營業，沒有學員，他自己買白紙，自己畫海報，自己做宣傳冊子，挨著學校去發。

為了制訂課程，他根據自己在學習英語過程中出現的問題，沒日沒夜地思考，前前後後做了二十多種方案。

剛開始沒有老師，他就自己教，等到規模變大了一點後，他用辦補習班的大部分收入聘請了一些大學老師。

就這樣做了兩年後，他的補習班慢慢地在補教市場中站穩了腳跟，這時，他開始為出國的夢想做一些實際動作。他開始想辦法讓公司在沒有他的情況下也能順利運轉，這樣他才能每年給自己放幾個月的假，出國去看看。

今年他走出去了，一個人，先在東南亞轉了一圈，接著又跑去西歐國家。

回來之後，他講了很多驚心動魄的事情，還告訴我接下來幾年的計畫——從南極到北極，從東半球到西半球，要把大大小小的地方都玩遍，很多地方甚至我連聽都沒聽過。

我知道即使這些地方都去過了，他還是不會滿足——只要有生之年，條件允許的情況下，他肯定會環遊世界。

我們都有過不同的夢想，在與這個世界一次又一次抗爭時，我們容易變得膽小，變得敏感而不知所措，因而畏畏縮縮，成為一個不敢做夢的人。

當有天走不動了，回首往事，才發現原來這輩子什麼都沒做：那個你曾喜歡的女孩，你沒有勇氣去表白；那個年少時的夢想，你把它丟在了角落；那些曾經有過的美好，在半途中就離你而去。

你老淚縱橫地看著這一切，痛惜失去的種種，才發現自己落入了生活的圈套。而規避這圈套本來是很容易的，容易到你僅需要把你的夢想當做抵禦現實的武器就好。

夢想之所以抵抗不了現實，是因為你沒有給夢想足夠的勇氣，你輕易地放棄抵抗，讓夢想被現實包圍。你原本可以帶著夢想突圍，然而你卻早已變節。

青春就是拿來折騰的！

如果你在年輕的時候選擇了一成不變的生活，沒有理想、沒有追求，唯一的想法就是盼望能早早下班，以便躲進自己的世界裡，那這樣與白活一生有何區別？

趁自己還年輕、還折騰得起，想想最初的夢想，把它們一個個拾回來，不要放棄那些夢想帶給我們的美好。

沒有可以拋棄的夢想，只有拋棄夢想的人

每秒滴一滴水，終會滴水穿石；
每天走一里路，總能通往夢想。

Z是我的女神，她不僅長得漂亮，活得也相當精彩，確實是個讓人羨慕到望塵莫及的女性。

大約一年前，她抱著電話激動地告訴我，她考上了法律系研究所。雖然我不在她的身邊，不過我能確定當時的她是熱淚盈眶著。

我們認識了十年，她的情況我再清楚不過。

Z的家庭條件很好，父親是某政府官員，母親則是自己出來開店做生意。因為Z是獨

生女，家人對她很是寵溺。

父母的疼愛本是無可厚非，但Z仗著這種金枝玉葉的條件，從小就任性刁蠻，總是一副大姐頭的派頭。然而，提到學習，她就像是見到鬼一樣——當地的中學她全都轉過了一遍，最後又轉回原本的學校。

經年累月的成績墊底，對她來說是件稀鬆平常的事，反正她只要生活得夠舒適就覺得天下太平了。

大考成績一如既往，成績一向「穩定」的她自然沒考上大眾心中前幾志願的大學，最後還是倚靠著家勢，進入了某間私立大學就讀。

按照這樣的發展節奏，我當時為她設想的劇本是這樣的——讀完大學後，她就會在父母的庇護下找份還算過得去的工作，再找個願意讓自己欺負的老公，自得其樂地過完自己的一生。

就她當時的狀態，這大概是我對她最好的期盼了。

然而，她後來的發展軌跡和我預想的完全不同——Z大學畢業以後，捨棄了父母的安排。因為學歷不高，她只找到一份領著最低薪資又離家遙遠的工作。

這對過慣衣食無憂生活的她來說，無疑是一項艱辛的考驗。

Z的選擇讓我很是詫異。在一次對談中，我向她表明了自己的疑惑。

她說，以前觀賞電影時，每每看到律師在法庭上脣槍舌劍就會好生羨慕，而電影《法外情》更是讓她熱血沸騰。那時，她就夢想著自己未來能成為電影裡的那些大律師，除暴安良，然後報效社會。

可是，夢想和現實之間，總會有條臭水溝，橫跨在我們的面前。

小時候的夢想，在我們的任性妄為及周遭親友的溺愛下，慢慢變得可望而不可即，每當夢想浮現於腦海，我們又總會選擇視而不見或是索性逃避。

這樣的我們也許能好好地過完自己的一生，可是，沒有夢想的生活，就像沒有翅膀的飛鳥，即便知道遠方會有萬紫千紅的風光，也是無可奈何又無能為力。直到年紀老了、沒有力氣了，才開始對過往感到遺憾，哭訴著沒有能驕傲地說嘴的回憶。

Z說，現在的她長大了、成熟了，才知道以前的自己是多麼無知，浪費了自己多少寶貴的時光，現在，她要把以前丟掉的東西重新找回來。其中，最重要的是——她要通過努力，實現自己的律師夢，因此，她必須先拿到相關科系的畢業證書。

由於之前荒廢太多學業，各學科的基礎都太差，所以，她幾乎是從頭開始學起——買了十幾本專業科目用的課本、教材，外加政治、英語方面的學習，這些構成了Z在工作之餘的全部生活。

原本那位任性刁蠻的人消失了，取而代之的是個連搭公車都會看書的女孩；以前那個囂張跋扈的人不見了，變成了總是在圖書館自習室讀書讀到閉館才離開的姑娘。

更多的畫面我們難以眼見為憑，或許，夜深了有個坐在末班車上低頭看書的女孩；或許，午飯時有個為了背單字而邊吃邊看書的姑娘。即便工作再忙，她也堅持著踏實學習。

兩年過去了，Z因為能力出眾、業績優異，成了公司的小主管，也是老闆最欣賞的員工。

她的努力，公司的同事全都看在眼裡，大家也都心知肚明，都認為她過不了多久就會晉升為公司的高階主管。

與此同時，她拿到法律相關科系的畢業證書，生命中美好的事物都朝著她狂奔而來。

做為朋友，仍在為生活打拼的我，一方面羨慕她有這麼好的發展，另一方面也為她天壤地別的變化感到詫異、驚艷。

正當大家都認為她會繼續在公司待下去時，Z卻出人意表地選擇辭職，決定帶著這兩年累積下來的存款和一大堆書前往北京，心無雜念地專心準備研究所考試。

Z這種瘋狂的舉動，再次讓我瞠目結舌。

透過朋友的協助，她租到了某間大學宿舍的床位，開始新的一輪考試奮戰。

再次回到校園，她為自己規劃了極其嚴格的作息，同時要求自己今日事今日畢，絕不能找任何藉口拖延。從此，她的生活變成三點一線——宿舍、食堂、自習室。

也許是因為底子太差，即便她如此努力，第一年的考試，她因為英語差了幾分，未能順利錄取。

為此她消沉了一段時間，整個春節期間都處於情緒不穩的狀態。當時我曾勸她，別再這麼折騰自己了，年紀也不小，趕緊回家找份安定的工作、結婚生子去吧！可是，她並沒有聽我的建議。

她還是保有她的任性，義無反顧地走自己想走的路。春節還沒過完，她又搭了北上的列車，延續著前一年三點一線的生活。她再次揚帆，朝著夢想狂奔去。

她一如既往地努力學習，終於換得了她想要的結果。於是，也就有了本篇開頭的那通電話。

二〇一五年，Z如願考上了法律系研究所，這願望的達成耗費了她整整五年的時間。

每個人都有自己的夢想，可是為了夢想能堅持多久呢——十年？二十年？還是一輩子？

若我們將夢想束之高閣，這也算是我們為它付出了努力嗎？每天躺在舒適的環境裡做著成功的春秋大夢，結果也只是在浪費時間和喋喋不休地抱怨、感嘆，徒勞而無功。

電影《老男孩》中有句臺詞：「夢想這東西，和經典一樣，時間越久，越顯珍貴。」夢想永遠不會消亡，大部分的時候它就像是香醇的高粱酒，即便你將它扔在某個角落許久，待你幡然悔悟，它仍會以最濃郁的香氣吸引、誘惑你。

這便是夢想的價值。不管你現在如何，只要開始了，就永遠都不嫌晚，就一定會有實現的可能性。

如果你連開始都不願意，那麼未來等待你的，就只會是刻板而毫無生氣的人生。

倘若你想享受人生的魅力，那麼你唯一能做的就是——帶著你的夢想，翻越一座又一座高山，橫渡一條又一條大河。

之前看過這樣的一句話：「沒有被拋棄的夢想，只有拋棄夢想的人。」誠然，夢想一旦來到我們身旁，只要我們不拋棄夢想，夢想就永遠不會離我們而去。

而對待夢想的態度就是依靠自己一點一滴的努力，朝著正確的方向一步一步地前進，不斷縮小自己與夢想之間的距離。每秒滴一滴水，終會滴水穿石；每天走一里路，總能通往夢想。

夢想的反義詞是放棄，夢想的同義詞是堅持。唯有堅持才能離夢想越來越近，也唯有堅持才能讓此生無憾。

我們的生活之所以艱難，不是因為現實的困頓打敗了夢想的實現，而是夢想一直在那裡，我們卻選擇主動舉起白旗向現實投降。

我們不是敗給命運，而是輸給不能自制的自己，於是，只能在醉生夢死中徹底淪陷，以致於老了之後用種種原因、理由來抱怨、數落自己的生活。

夢想都是美好的，輕易就說放棄，那該有多麼可惜。

夢想從不屬於那些輕易放棄的人

後悔是世界上最浪費精力的事情之一。

過年回家時，我看了各家電視臺的新春節目。

不知道從何時開始，我開始喜歡看各式各樣的喜劇小品，或許是因為它們都帶著濃濃的人情味，關於親情、愛情、友情、夢想、感激……

網路上有篇文章在討論「當我們談論夢想時，我們究竟是在談論什麼呢？」網友的回答千奇百怪，有人說是妄想，有人說是未來，有人說是曾經，有人說是一個永遠無法到達的地方……

我覺得，「夢想」這詞是屬於那群在大城市漂泊著逐夢的人，而非那些窩在家鄉愜意享受小確幸的人。並不是說喜歡小確幸的人就沒有夢想，只是從他們身上我幾乎看不到他們有為自己的夢想付出過什麼努力，哪怕只有一丁點也好。

每個人都有自己的夢想，但卻不是每個人都有實現夢想的勇氣。就拿今年看到的喜劇小品《追夢人》來說，一群年輕人到大城市追夢，渴望有天自己能變成正式的演員，在大螢幕亮相。

相貌與身材均不出色的他們，努力了很久，始終沒能得到一次配角的機會。但他們不想放棄，都默默地在心裡憋著一口氣。

到了年底，奮鬥了一整年仍一無所獲的他們，決定再努力最後一把，至少要給家人和自己的青春一個交代。

他們好不容易接到一份試鏡的機會，最終都沒人能令導演滿意。於是，在落寞的黃昏暮光下，有些人開始打退堂鼓，勸其他夥伴們也放棄夢想吧！

有人掉下了眼淚，有人點燃了香菸，有人選擇沉默而安靜地蹲在角落。唯有一名女孩，她在燈光下仍飛快地奔跑，她邊跑邊說著——

「在這世上，誰沒有遇到過困難？誰沒有試圖放棄過？可大家別忘了，我們為什麼來到這裡又為什麼堅持到今天！我們都有當演員的夢，可現在，你們捫心自問，自己真的為夢想付出全部的努力了嗎？如果摔倒了，爬起來、拍掉身上的塵土，不就好了嗎？」

聽著這段獨白，我的眼淚不自覺地掉了下來，我想到早已被自己拋棄而如今滿是塵埃的夢想。

謝幕時，這群演員說，這齣小品是根據他們的親身經歷改編而成的，所以表演起來就像回到當初那段為夢想艱苦奮鬥的歲月。

是的，他們現在總算熬出頭了，不然我也不會在電視節目裡看到他們精彩的演出。

可想而知，為了這一天的到來，他們究竟吃了多少苦頭。那些為夢想拼命的時候，他們肯定捨棄了安定的生活、捨棄了與父母相聚的時間，五體投地、一心一意地撲在表演上。他們只是想對得起自己心中的夢想。

周星馳曾說：「我是一個演員。」

這雖然是他在電影裡的臺詞，說出來讓人覺得挺好笑，可是後來才知道，如今赫赫有名的他，也曾有過一段晦暗冗長的跑龍套生涯。那些為夢想而吃的苦，現今則全數化為他演藝事業的寶貴財富，令他深受千萬觀眾的喜愛和敬仰。

真正的夢想，值得每個人竭盡全力；真正的夢想，屬於那些不會輕易放棄的人。如果你的夢想還沒實現，一定是因為你還不夠努力、還不夠拼命。

一位練體操專業的朋友，為了在全國體操比賽中奪得好的名次，不分晝夜地在體操室裡進行訓練，甚至好幾天都住在裡面。

沒日沒夜地辛苦勤練，使她的兩隻手掌早已不如一般少女般鮮嫩，而是佈滿了厚厚的老繭。有幾次，因為練習地太過用力，她累癱在高低槓上，可是她從來不為此後悔。既然種下夢想，就要對它負責，所以她寧願把所有的時間和精力都放在實現夢想這件事上。

然而，事與願違，她最終以零點一分之差，與冠軍寶座擦身而過。

從臺上走下來的那一刻，幾乎所有人都以為她會號啕大哭，沒想到她帶著雲淡風輕的笑容說著：「既然努力過，就已足夠了」。

雖然現實很殘酷，很多事情正如我這位朋友的經驗一樣──付出不一定能獲得令人滿意的結果，但至少，你向全世界證明了自己。

你為夢想所付出的一切，大家都明白，而你自己則更清楚。在日後每個夜深人靜的時候，當你回想起來，也不會覺得遺憾，或枉費了曾經年輕。

後悔是世界上最浪費精力的事情之一，為了不讓自己後悔，請慎重對待你的夢想，並為它竭盡全力。

現在說說我自己。

我很喜歡在北京這座城市漂泊的感覺，有人質疑我，有好好的生活不過，為什麼一定要選擇流浪？我想，他可能不懂夢想的意義。

大家為什麼從家鄉來到千里之外的大城市？為什麼漂洋過海去其他國家？原因就在於——那地方，有他們想過的生活、有他們喜歡的生活方式、有可以讓他們實現心中夢想的可能。

人生是一場單程旅行，放棄了，就很難再有實現的機會。

面對夢想，有些人選擇等待，等機會、等條件，然後等到不知道——畢竟，機會和條件要靠自己去爭取和創造。

這城市的人這麼多，每天發生的事也多，如果每個人都選擇被動等待，真的不敢想像未來會變得怎樣。何況時光如白駒過隙，就像你手中的沙粒，在你不經意間，就再也沒了蹤跡。

人越長大，越容易感到恐慌，越會對一事無成產生害怕與擔憂。

現在網路發達，隨便花幾分鐘，就能滑完朋友們的近況：有人消失了一段時間，突然發了動態說自己開了間店；有人貼著新房照片，表示自己有了房；有人則換了職位更高、薪水也更高的工作。

不管是哪一種，你總能清楚地看到人們正在進步、正在轉變，當然，也還是有很多人總站在原地等待，然後放走了一個又一個蛻變的機會。

我們擁有的只有現在，請為你的夢想，分秒必爭、竭盡所能地奮鬥吧！不要懼怕他人質疑的眼光，只要問自己是不是輸得起。也不要輕言放棄，你終會找到屬於你的光明。

如何修練「車到山前沒有路」的生活？

當你發現這條道路走不通的時候，懂得換一條路才是真正的智慧。

有天晚上出去散步，正好碰上鄰居家的姐姐。小時候經常玩在一起，長大後漸漸疏遠，多年沒見，遠遠地只打了個招呼。

回家跟媽媽說起，才知道這位姐姐畢業後一直待在家裡，準備公務員考試，今年已經考第五次了，可是還是沒有通過，準備明年再考。

一開始她家人還滿贊成她考公務員的，因為工作穩定、福利待遇都不錯，說出去也體面。雖然不至於大富大貴，但對女孩子來說，是一份很適合的工作。

可是她連續考了這麼多年，一直沒有考上。跟她同齡的女孩子早已結婚生子，甚至有的孩子都會幫忙買醬油了，她連個交往對象都沒有。

父母開始急了，覺得這樣下去也不是辦法，想讓她先找個對象或先找份工作，起碼不用像現在這樣沒個頭緒和希望。可是她不願意，非要先考上公務員再說。

父母勸說無果，只能隨她去了。

我聽了深有感觸，想當年我也一腳踏上考公務員的行列，只不過及時發現自己不是那塊料，趕緊懸崖勒馬、另闢蹊徑。

我身邊有不少人一畢業就義無反顧地選擇考公務員這條康莊大道，有的人考了一、兩次，發現考不上，經過深思熟慮後便放棄了。

但更多的人是一條路走到黑，撞了南牆也不回頭。

我能理解他們的想法，無非就是「堅持就是勝利」，「世上無難事，只怕有心人」，

「天將降大任於斯人也」。

明明前面的人都已經在搖旗吶喊：「前面沒有路了，請速速撤回！」聽在他們耳裡則會變成：「同志們，勝利就在前方，再走幾步、堅持下去就會到達。」但是，再走幾步，就直接摔落懸崖了。

這算是「車到山前沒有路，船到橋頭自然『沉』」的另類寫照嗎？

二〇十六年八月，世界「撐杆跳女王」伊辛巴耶娃正式宣佈退隱。這位世界上最優秀的女子撐杆跳選手，在二〇〇三年國際田聯大獎賽上以四點八二公尺打破室外撐杆跳世界紀錄。在二〇〇八年的世界田聯黃金聯賽羅馬站中，她更以五點〇三公尺刷新世界室外女子撐杆跳紀錄，成為世界上第一個跳過五公尺的女運動員，多少人被她的風采折服。

她的偶像是曾三十五次打破世界紀錄的烏克蘭撐杆跳名將布勃卡，而她也被稱為「穿裙子的布勃卡」。

提到伊辛巴耶娃，人們細數她在撐杆跳上取得的成績可謂信手拈來，但卻很少有人知道，她在成為「撐杆跳女王」之前，是一名體操運動員。據她透露，在她十年的藝術體操生涯中，中國體操運動員李寧是她心中的偶像，「成為他那樣偉大的運動員是我心中的夢想」。

她的個人經歷上寫著「五歲開始練體操，十五歲時改練撐杆跳。」雖然對她曾經做為體操運動員的十年經歷一筆帶過，但是其中的艱辛可想而知。

伊辛巴耶娃出生在伏爾加格勒一個偏遠的村莊，她像所有成功逆襲故事中的主角一樣，有著貧寒的家庭，做著普通工作的父母和永遠穿著的老舊衣服。

伊辛巴耶娃的母親娜塔莉亞曾經是一名業餘的籃球運動員，在伊辛巴耶娃小的時候，母親就把她和妹妹相繼送去練體操。她很喜歡練體操，不管嚴寒或酷暑，每天堅持練習，從未放棄，全心地投入其中。

她那時的夢想是成為一名體操冠軍，為此，她付出了很多常人不知道的努力。

然而好景不常，隨著她的身高越來越高，她漸漸感覺到吃力——在體操隊，身高過高反而是一種累贅。十五歲的時候，她長到一百七十公分，超過同齡人太多，這時，體操項目對她來說，異常困難。

對於一個已經堅持了十年的夢想，即使知道很難成功甚至是根本成功不了時，很多人都難以做出抉擇，大多數人會選擇繼續堅持下去，認為堅持就會勝利，說不定再努力一下，就能成為下一位世界冠軍。

伊辛巴耶娃在知道體操這個項目已經對她關上大門的時候，她做出了一個明智的選擇，甚至她之後取得的所有榮譽都在告訴她，她當初的選擇是多麼的正確——她在十五歲那年開始轉練撐杆跳。

或許在很多人看來，十五的年紀才開始練運動項目為時過晚，因為很多運動員從五、六歲就開始練習。

然而，伊辛巴耶娃憑藉她的身高優勢和十年的體操功底，都對她的撐杆跳有著決定性的幫助：出眾的爆發力、身體的柔軟性和協調性，以及動作的節奏感，讓她在賽場上有如神助。

十六歲的時候，她拿到撐杆跳生涯中第一個世錦賽冠軍，後來多次刷新女子撐杆跳的紀錄。兩〇〇四年雅典奧運會上，她以四點九一公尺的成績再次刷新女子撐杆跳世界紀錄，將金牌收入囊中。她曾二十八次刷新世界紀錄，連續三次獲得最佳女運動員的提名，在女子撐杆跳上獲得的榮譽，至今無人能出其右。

魯迅先生有一句至理名言：「其實地上本沒有路，走的人多了，也便成了路。」

我們一度用這句話來鞭策自己，甚至有些網友根據自身的經歷，將這句名言改成萬般模樣。

可是，很多人卻難以真正領會這句話的精神：「通往成功的道路有很多條，一條不行就再換一條。當你發現這條道路走不通的時候，懂得換一條路才是真正的智慧。」

很多人窮其一生在追尋一個不可能完成的目標，即使撞了南牆也不回頭，見到了黃河還不死心。然而殘酷的現實往往將他們折磨得遍體鱗傷，猶如牢籠中的困獸，看不見希望，直到頭破血流還幻想著終有一天會撞出一條血路來。

追逐夢想的路上有很多的困難和荊棘，我們手拿寶劍、身披盔甲的目的，並不僅僅是為了在遇到困難的時候能夠乘風破浪、披荊斬棘，而是在面對我們抵抗不了的阻礙時，能夠開闢另一條道路。

北京凌晨五點半

你現在不早起，以後怎麼有機會可以賴床呢？

陳東大學畢業後，應聘到北京一家公司工作。

他起初壯志滿滿，誓言要做出一番驚天動地的大事業！但是「壯志未酬身先死」，僅僅早起這一關就把他給打趴了！好不容易從高中生進化為大學生，可以一覺睡到太陽照屁股的日子還沒享受幾年，光陰也還沒虛度夠，又得匆匆地成為一名上班族了！

每天早上早起，對陳東來說是一件無比困難的事！總要等到鬧鐘響了無數次後，他才迫不得已地起床，手忙腳亂地梳洗好，再睡眼惺忪地被迫加入一場大眾運輸工具的征戰。

這種時候，管你是西裝革履還是妝容精緻，到了月臺前，都是待下鍋的餃子，還是自己主動求煮的那種——每個人都不得不在月臺前奮力拼搏、力爭上游！

每次，在車門即將關閉的最後幾秒內，陳東都得施展「凌波微步」外加縮骨功，在最後關頭成功擠入車廂最後一絲縫隙中，然後看著車門擦著他的鼻子關閉。

在這場「以上車論英雄」的比拼中暫時領先，然後，終於在被擠成鍋貼、熨帖的西裝變成了柿子乾時得到解放，每次從車上下來，陳東都覺得自己瘦了好多！

一路過五關斬六將，陳東狼狽不堪地抵達公司。趕在最後一分鐘打卡，步入辦公室，有時候時間沒有把握好，連早餐都來不及吃。然後，他每天都下定決心——隔天要早起，結果第二天依然如往昔。

等到他進入工作狀態一、兩個小時後，老闆悠閒地開著車，神采奕奕、光鮮亮麗地踏進公司。

血淋淋的殘酷對比，讓陳東立刻喪失了對工作的熱情。

陳東一心想在事業上能有所作為，所以一直兢兢業業、小心翼翼地對待工作，每天起得比雞早，睡得比狗晚。

可是，每天當他哈欠連連地到達公司，工作了好久才看到老闆慢慢悠悠地走進來，就不由得心想：等到自己從青年熬到中年說不定還是個小小的員工，依舊每天在老闆還躺在舒服被窩裡呼呼大睡時，起早去和公車賽跑——晚幾分鐘就得等下一班車，下一班車是什麼概念？

十分鐘！而十分鐘又是什麼意思？是全勤獎！是錢！

陳東越想越覺得不公平：「我每天卑躬屈膝、起早貪黑，對領導畢恭畢敬，對工作認真負責，累得跟狗似的，卻還是得不到領導賞識。」

「做得越多，錯得越多，我辛勤付出，結果換來的卻是領導的嫌棄、同事的疏遠，這樣下去還有什麼希望？」

「我為公司付出了那麼多，結果每月還是拿著那點死工資；而老闆每天睡到日上三竿，想來就到公司轉一圈，不想來，就約幾個好友吃飯、喝茶、打高爾夫，想怎麼舒適就怎麼做！。」

「老闆說幾句話，勾一勾手指，每分鐘掙的錢抵過了自己一個月拼死拼活掙來的薪水，這到底憑什麼呢？憑什麼老闆拿著員工嘔心瀝血想出來的創意去掙錢？沒有我們這些員工，他拿什麼來賺錢？憑什麼上班族就得早起，而老闆賴床就是天經地義？」

為此，陳東曾問過自己的老闆，老闆笑了笑，跟他說：「所有高中生的都能考上北京大學或清華大學嗎？考上北京大學或清華大學的人都能立刻做出成績而名利雙收嗎？努力不一定有回報，但是不努力一定沒回報。你現在看我悠閒自在，其實，我是在把當初透支的時間補回來。」

一年之後，陳東從公司辭職，自己出來創業，他覺得自己終於要擺脫早起的惡夢了！

可是當了老闆之後，他才發現，能夠當個早起的上班族簡直是人生一大樂事——因為當了老闆後，他連早起都是件奢侈的事情。

你有見過清晨五點半的北京嗎？

創業初期，陳東每天都被壓力壓得睡不好覺，因為他一個人要身兼好幾個崗位的工作：裝修、清潔、打電話聯繫客戶、親自跑單、招聘等等，全都只能自己做。從早上開始工作到晚上八點，只有中午吃飯的時候能挪一下位置，有時甚至連午飯都要在辦公桌上解決，其餘時間都是在不停幹活；一個項目讓員工追蹤了整整一個月，最後還是要自己動手；每天都是加班加班加班，恨不得吃喝拉撒睡都在公司！每天早上四、五點就醒了，半夢半醒地爬起來，往往這時才發現，原來昨晚自己不是在床上睡著的。

機械般地把房間的燈打開，強迫自己睜開眼，瞇著眼穿衣服、洗漱，無意識間已經抓過公事包，在一沒家用車、二沒公車的情況下，氣喘吁吁地騎著腳踏車，摸著黑跌跌撞撞地跑進公司，有時連等紅綠燈都能睡著。

靠咖啡來打起精神，睡眼惺忪地修改文案時，看著自己辛辛苦苦養著一群吃軟飯的，他們每天都伴著晨光有說有笑地來上班——他不禁後悔自己當時既不惜福，想法又傻，早起一會兒又怎樣了？至少比沒得睡好……

就這樣，一個月、兩個月、半年、一年……四年後，陳東終於多年媳婦熬成婆，雖然把自己從之前「秀恩愛」的狀態熬成了單身狗的模樣，把二十八歲的臉龐熬成了四十歲的滄桑，但公司總算步上正軌。

終於可以睡懶覺了！這時，他才明白：催促你起床的不是夢想，而是貧窮！

如果你將打工視為創業，然後去做準備和積累，那麼，錢算什麼東西？早起又是多大的事？學到了本事、累積到了人脈，這些才是最重要的。只有蠢材才去抱怨老闆。

老天總是公平的，老闆晚起，那是因為每個老闆都是從上班族熬過來的，他們曾經起得比你更早、過得比你更苦。

要記得，寶劍鋒從磨礪出，不經歷風雨怎麼看見彩虹？

現在正在看這篇文章的人，我就是在說你！看完之後，該幹嘛就幹嘛去，抱怨也沒用！該早起還是得早起，沒辦法，早起的鳥兒才有蟲吃！你現在不早起，以後怎麼有機會可以賴床呢？

宅之後，還是要回歸現實社會

踏出舒適圈，才能真正戰勝生活；
勇敢地選擇面對，才能真正解決問題。

宅，很多時候象徵著逃避。

我想，如果可以，每個人應該都不會想工作，最好每天舒舒服服地躺在床上就能賺到錢，進而達到生活無虞的境界。

可現實並非如此，喜歡宅在家、不喜歡跟社會打交道的人、不想要早起趕著上班的人，最終還是得回歸社會，去跟別人競爭。

因為這個世界什麼都很有限，連上公共廁所也得排隊等候才得以使用；因為這個世界什麼都會過期，不會有永遠新鮮的食物，也不會有永遠的十八歲。

我知道，人生不可能永遠一帆風順，我們會遇到這樣那樣的難題，遭逢各式各樣的打擊。

好比我一位要好的朋友，本來在北京工作，過得安安穩穩，突然接到家裡的消息，要他馬上辭掉工作回老家。

具體細節他沒有跟我明說，只是從那之後，他再也沒有找我談論他的寫作計畫，連之前和大家一起編寫的書稿也乍然終止了。

這幾天，我試圖透過通訊軟體與他聯繫，想知道他心情有沒有好一點，還主動替他找了一些廣告文案的撰寫工作，想說這樣他還能有點微薄的收入。

然而，他總是拒絕我，理由是——現在只想一個人靜靜。

我可以理解這種心情，但我也很清楚，之後他還是要平靜地接受一切，重新開始正規的生活。

回想自己剛畢業的那段時間，因為薪水太低，上班的地方又很遠，堅持了半年，終於因為一場大病而痛哭流涕，自認為生活太艱苦，不想再繼續努力。在一個衝動下辭掉了原本的工作，每天躲在租屋處，上網、看電影，胡亂打發光陰。

我不知道別人是不是也一樣，只有在獨處時才會感覺輕鬆自在，不需要面對別人異樣的眼光，也不用在意別人的看法，好像整個天下都是你的，你想做什麼就做什麼——就算胡亂飆罵髒話，穿著隨意邋遢也無所謂。

可是，這樣的生活能持續多久？逍遙自在完了，還是要把自己打理好，以社會能接受的模樣重新工作、重新出發。

現在的我還是個標準的宅女，除了平日因為工作必須出門外，週末幾乎都窩在家。

有時我會在床上躺一整天，隨意瀏覽社群網站或觀賞電視劇；有時我會早起打掃家裡，把所有的衣服都清洗乾淨；而更多的時候，我喜歡什麼都不做，靜靜地望著天花板發呆，一個人緬懷一些陳年舊事。

這樣的狀態持續了很久，直到有天我看到周圍朋友上傳了各自的春節出遊照片。

我發現很多似曾相識的地方都開始變得陌生，也發現這座城市好像悄然改變了樣貌——是的，我太久沒有走出去，沒有去領略這座城市的風景、風情，而我已經離它很遠了。

記得以前看過一段評論，表示並不是所有在大城市中生活的人都能樂在其中。熱愛運動的人，可能會因為去很多地方慢跑、快走而遇見很多有趣的人事物；而那些什麼都不想做、只想宅在房內的人，生活則侷限於住宅附近。

看吧！因為太宅，我已錯失許多美景。

更重要的是，這座城市提供了很多能讓我們與他人交流切磋的機會，卻因為我們的宅，而未能參與、未能受益。

反觀他人，不但鍛鍊了自己的身體，享受了最美的人間四季，還增長了不少見聞——這可說是一筆巨大的財富呢！

看過日本電影《不求上進的玉子》之後，我開始對「宅」這個字產生了一些否定的態度。誠然，每個人都需要一定程度的私人空間，但你不能把生活全都壓縮在住宅內，變成一名大門不出二門不邁的宅男、宅女。

玉子的父親經營一間體育用品專賣店，長女出嫁後，他開始一個人生活。

玉子在結束東京大學的課程、回到故鄉後，由於無事可做，人生也沒有任何目標，就每天懶散地窩在家裡。

父親原以為女兒過段時間會去找工作，可是一年又一年地過去了，玉子始終只是宅在家裡，對任何事都提不起興趣，也從未產生出去找工作的念頭。對此，父親很是惱火，多次數落玉子的不是，希望她儘快找到一份合適的工作。可玉子不以為然。

就在父親快要對女兒失去耐心時，生活中發生的一些事，讓玉子開始轉變心態。

就在一個櫻花開滿枝頭的早上，玉子向父親宣佈自己要出門上班的決定。

我曾聽很多即將大學畢業的學子訴苦：「姐姐，我不想畢業，畢業不但要跟同學們分開，還要一個人在外租房子，一個人努力打拼，我真的很害怕那種孤獨痛苦的生活。」

可是害怕又有什麼用呢？該來的總會來。

求學時，你不需要出去工作，一切生活開支由家庭供給，所以你會覺得當學生是一件很輕鬆的事，不需要背負任何壓力。

可你是否知道——你之所以能輕鬆，是因為父母替你扛下了生活的重擔。

但父母會慢慢變老，畢業意味著要長大成人，獨立去面對社會，畢竟沒有人能免費照顧、承擔你一輩子。常言道「養兒防老」，你甚至要學著開始擔負起父母的生活才是。

不管你曾經多麼宅，面對生活曾流露出多麼不想面對的神情，讀了這篇文章，應該要試著為自己和家人改變一下。

玉子的醒悟代表了她對宅的覺悟，她通過一系列的現實逐漸明白——人不能宅到死。唯有踏出舒適圈，才能真正戰勝生活；勇敢地選擇面對，才能真正解決問題。

宅之後，還是要回歸現實社會，只是時間早晚的問題。為了更早地享受生活並獲得生命更美好的饋贈，還是早點踏上出門工作的征途吧！

第四章

沒有天賦，你的努力一無是處

沒有天賦，你的努力一無是處

常人以為那不過是天賦，
殊不知那是別人日復一日的努力與堅持。

曾在網路上看過一篇文章，有人問「世界上最無用的東西是什麼？」回答裡列了無數種，我看到第N行時，瞬間被擊中，一句「天賦不足的認真，無疾而終的深情」讓我為之一顫。

再看到文章下方數百人按讚，不少留言都表示「深有同感」。

一名青年坦言，自己就是這個世界上最無用的東西，付出努力仍留不住深愛的人，找工作始終沒能得到主管青睞，身無長物，二十幾歲了還要靠父親微薄的收入來存活。

一位大學剛畢業的女生則說，自己曾為了一個男孩不惜放棄自己最珍視的尊嚴，在心灰意冷時等到對方的幡然醒悟，當對方手捧鮮花來向她求婚時，她卻發現自己的心已經變硬變冷，不再感覺喜悅。

這篇文章和這些留言，讓我感受到世間的一切都是會過期的——信心會過期，人心也會過期。

不知別人是否也有我這樣的感受？曾經，當我看到某些人在自己感興趣的領域取得很好的成績時，我投以不屑的眼光，甚至還會心想，不過就是我付出的努力不夠，我要是再更努力更奮鬥，一定能做得比他更好、更棒。

可是真的輪到自己去做，一、兩年了也做不出個成績，你尚且能用時間太短來安慰自己；那三、四年呢？別著急，慢慢來，堅持下去或許很快就能證明自己；五、六年？可能我的努力還不夠吧？我要堅持下去；然後就七、八年，九、十年……

漸漸地，那股最原始、最野蠻的韌勁開始瓦解消散，自信不再，甚至會覺得自己可能是個傻瓜，不知道自己有幾斤重，沒有那個金剛鑽，卻偏要攬這份瓷器來做。

我曾在朋友圈寫過一則心情貼文〈沒有天賦的認真充滿了痛苦〉。這句子不是隨便寫的，而是凝結了我五年來寫作之路的點滴。

二〇一一年，我因為喜歡寫作，應聘到一家知名的文化出版公司工作。從第一天上班開始，我就投入了全部的心血。

由於沒有任何文字編輯相關的工作經驗，我被安排在一個編輯流程的崗位，工作內容很單純，針舵作者的稿件進行文字校對和編潤。

下班後，我堅持利用一切零碎的時間進行思考和寫作，那時的我，可以毫不客氣地說，自己根本是最大化地動用所有腦漿，讓自己隨時保持清醒的狀態。

半年後，在了解並掌握出版的全套流程後，我開始嘗試與其他公司的編輯合作，接他們的專欄來寫。

二〇一三年，經過長達八個月的努力，我的第一本書順利出版上市。收到樣書的那天，我興奮到徹夜難眠，最後還捧著那本書進入夢鄉。

第一本書的出版，使我看到了自己的文學之路透出了一點光芒。於是我更加努力工作、努力寫作，每週都去京城各大書店搜羅、購買三到五本經典書籍和暢銷書籍。

二〇一四年十月，我的第二本書順利出版。當時負責策劃此書的編輯曾鼓勵我：「加油！繼續寫，我覺得你很有天賦，我非常欣賞你的書寫風格。」

那一刻，我承認我有些沾沾自喜，自以為只要堅持下去，自己一定能在寫作這條路上闖出一片天。

可是接下來的兩年，事情發生了轉變——兩本書面向市場後，沒為我打開任何一點知名度，甚至第一本的首印於三年後的今天仍沒有完銷。

看到這樣的結果，我很為自己難過。

但我仍然堅持寫了第三本書，和一位同樣喜歡香港電影的網友一起合作完成的，是一本獻給我們共同偶像張國榮的音樂傳記。可能是因為大家都很喜歡他，這本書竟然再版了！

可惜，兩次銷售的冊數加起來仍不理想。

掐指一算，從在word文檔敲寫第一個字開始，五年過去了！這五年，我懷揣著一個作家夢，時而驕傲、時而辛酸，投入了很多努力，可是結果並不如意。為此，我曾不止一次地想過，要不要乾脆就這麼放棄？

就是從這裡開始，我漸漸領悟到——或許我在文學這條路上，是真的沒有天賦可言。

聽說有些人會得奇怪的病，有大部分原因來自家族遺傳，於是我去查自己的家譜，終於很失落地發現：從我這代開始，三代以上全無文學家，甚至沒有任何文職工作者。

於是，我有些無可奈何地安慰自己：「算了，你生來就沒有文學的基因，沒有在這方面取得成就也是理所當然的。」

可是我真的不甘心就此放棄。

的確，沒有天賦的努力是很痛苦的，這類似於明知對方不愛你卻仍堅持投入感情的苦戀狀態。

後來，我終於冷靜下來，思考著自己是不是被這個浮躁的時代感染、影響？因為看到一些同齡的人們已成名、已受人敬仰，或是看到有人靠寫作賺了很多錢而開始眼紅、羨嫉，於是才會陷入「一事無成的急於證明」。

因為我很清楚自己已不算年輕，更清楚很多同齡人或比我年幼的人們都已有了不俗的成績，清楚自己是這麼一事無成，所以我急著要證明，想要更快地做出一些成績。

網路如此發達，使人們足不出戶也能盡知天下事。然而，每個人都有自己關注的領域。我敢說，很多人沒有忘記夢想，只是那些懷有夢想的人們，都因為暫時對夢想無能為力而逐漸喪失了對自我的認知。

在網路上寫著「天賦不足的認真，無疾而終的深情」的人，他的人生經歷過什麼呢？或許他也曾因為天賦不足，始終無法踏上夢想之路；或許他也曾深陷囹圄，對一個不愛自己的人付出過深情。

是，天賦是可貴的，不可能每個身懷夢想的人都剛好身懷絕技。正是因為沒有天賦、正是勤勤懇懇地堅持努力，才讓那人寫下如此令人驚歎著共鳴的句子。

我甚至開始由衷相信，那些各行各業的名人是因為付出足夠的努力才能取得今天的成就，以致於一些人突破了極限、打破了紀錄，被我們稱為是極有天賦的「神人」，比如將魔術方塊玩到出神入化的「菲神」。

泰國電影《三十＋單身販售》中有這一段故事：攝影師拍了一張鯨魚出海的照片，看起來非常真實，媒體紛紛稱讚他的拍照天賦。一個觀賞者自言自語地說：「為什麼會拍得這樣好呢？」

正巧攝影師聽到了這句話，他回答：「我每天早上凌晨五點就乘船出海，一直等到日落黃昏，每次都沒等到鯨魚展現最美的狀態。最後一次，我自己都等得有些灰心，天色一點點地暗了下來，出乎意料的，這條鯨魚飛身躍出海面，就那麼幾秒鐘的時間，我奮力地連按了數十次快門，最後只拍到了這一張最好的照片。」

常人以為那不過是天賦，殊不知那是別人日復一日的努力與堅持。

所以說，沒有天賦就沒有天賦，沒有天賦也可以讓我們這些平凡如螻蟻的人們，學著投注生命中的每分每秒，實實在在、純純粹粹地付出努力，就算窮其一生也抵達不了目的地，但至少我們從未停止奮鬥、從未遠離夢想這條路。

承認吧！大多數時候運氣好才是成功的主要原因

很多人不努力就可以成功，
那是因為他們運氣好。

前幾天表姐在微信上找我聊天，因為她一直在外地工作，我們很少有機會見面，所以常常在微信上互相調侃、吐槽。

記得她好像問了我一句：「你覺得我運氣好嗎？」

我當時正忙著追偶像劇，就敷衍地回了一句：「好啊！好到爆！」她一直沒回，我也沒放在心上。後來到了晚上，她發給我一大串的訊息，我才了解事情的始末。

表姐有個認識二十幾年的閨密紫涵，從小學一直到高中都同班，感情好得不得了，整天形影不離。和彼此的父母都相熟，經常互相留宿，興趣、愛好也都差不多。我還一直戲稱表姐是遇到人生中的鐘子期，恐怕為她摔琴也不足為奇。

我叔叔年輕時就南下打拼，現在生意做得順風順水，家裡經濟條件雖然算不上大富大貴，但也有個中上水平。

表姐是獨生女，從小到大吃的、穿的、用的無一不精，零用錢更是多得讓我嫉妒。我們每次出去玩，我都很鄙視她花錢如流水的行為，然後還要裝做勉為其難的樣子來接受她的禮物。

紫涵的家境一般，父親是一名木匠，母親沒有工作，有空就出來擺個地攤，家裡還有一位哥哥。所以，她們出去玩的時候，都是表姐出錢出得多一點。但表姐從來不在意，因為她待人一向大方，何況她們是那麼好的朋友。

大考結束後，因為表姐的成績沒有紫涵好，所以只考上一所三流學校，她們終於被現實條件給分隔開了。大學畢業後，表姐去了自家的公司，每個月什麼都不用做就可以輕輕鬆鬆拿到穩定的薪資。紫涵卻留在外地，每天為找工作、面試疲於奔波。

常聽人說，愛情裡的雙方需要門當戶對，其實友情也是。無論是家庭環境還是物質基礎，當雙方站在嚴重傾斜的天秤兩邊，往往會滋生很多齟齬。

因為家庭條件的原因，紫涵一直很努力，所以大學畢業後的第一份工作，她十分珍惜。然而，剛出社會的小姑娘通常會遇到很多挑戰、面臨許多抉擇，她的上司是一位有家室的中年男人，肥胖身材、中等身高，更是油頭粉面的，常藉職位之便對她進行騷擾。

有一次，她生病了不舒服，上司打著探望的名號，一到宿舍就對她動手動腳。她因為工作的關係一直隱忍不發，儘量避免和上司過多接觸。

表姐知道後一直勸她辭職，可是紫涵很猶豫，因為這份工作對她來說很重要，她不想輕易放棄。表姐看不下去便說：「這種事情有一就有二，你以為你是在維護和平，其實就是因為你這種害怕丟工作的心理及默許的態度才會助長了這禽獸的威風，你現在不拒絕，以後他就會變本加厲。」

「你知道這份工作對我來說有多麼重要嗎？我不像你一樣運氣好，有個好的家庭、有對有錢的父母，不用一畢業就辛苦地到處找工作，可以想做什麼就做什麼。但我不行，我沒有你這麼好的運氣，我只能靠自己的努力。」

運氣對一個人的成功到底有多重要？

《青雲志》中的主角張小凡，原本只是普通的身世、普通的相貌以及普通的資質，他剛上青雲門的時候，每個人都不願意收他為徒，跟資質較佳的發小比起來，他就是普通得不能再普通的平凡人。

可是這樣一個在眾人看來平凡無奇的人，在七脈會武的時候，打敗了門派中最出類拔萃的師姐——只因為他運氣好，無意間獲得了世間最厲害的兩件法寶，又身懷兩派真傳，從此所向披靡，在男主角的道路上越走越遠。

我們看過很多影視作品和文學作品，面臨危難時刻，總是有人會從天而降幫助主角們，讓他們怎麼也死不了，這就是所謂的主角光環。

很多時候現實就是這樣，即使你再努力、再辛苦，畢業後你還是要住在月繳數千元的合租套房裡，吃著廉價的泡麵，從早到晚拼命面試，只為了找到一份只夠養得起自己的工作，一個人離鄉背井、孤苦伶仃地在外打拼。

可是，有的人畢業後就能找到一份讓別人豔羨的工作，或者有的人一輩子不工作也不愁吃穿——他們樣樣不如你，但他們就是可以輕易地成功，只因為他們擁有你所沒有的運氣。

上學時，唯一一次沒寫作業就遇上老師檢查，你從此就成了老師口中經常不做作業的壞學生。有的同學經常沒寫作業，唯一一次寫了就碰上老師檢查，他因此時常被老師表揚。

從小到大，你弄丟了無數次的錢包、手機，沒有一次有找回來過。同樣是弄丟東西，別人可能每次都能物歸原主——你只能羨慕別人有這樣的好運，因為你從來沒有遇到過。

你喜歡的明星，你費盡心機每天跟機，去參加他的粉絲見面會，不知花費了多少時間和金錢。可是有的朋友隨便去國外旅遊，就能偶遇你的偶像，運氣再好一點的話，還能和你的偶像合照、獲得簽名照。

有的人提前買好了隔天的車票，但因為前一天晚睡或其他原因，隔天早上起得晚了，匆忙趕到車站，已誤了時間。然而，有的人也是這種情況，不過剛好買的車次也正好誤點，於是便能順利地搭上車。

書讀得再好、工作做得再認真，也要奮鬥個幾十年才能買得起自己喜歡的汽車、自己想要的房子，甚至在大城市奮鬥一輩子也買不起一間房子、一臺車子。可是有的人運氣好，碰上老家拆遷或是統一發票中獎而一夜暴富。

很多人覺得有錢不算是成功，但是我們每個人都在追求成功，都在努力多賺一點錢，都希望有朝一日能過上自己想要的生活。

很多人不努力就可以成功，那是因為他們運氣好。而運氣不好的我們，只能更努力——努力了，可能還會成功，不努力，一定不會成功。

就算你不接受，不公平也一樣存在

這個世界上處處都存在著不公。

前幾天坐地鐵的時候，聽到身邊的兩位老人在聊天。

先談論老家的一位親戚，一家人在北京工作，孩子國中和高中都在北京就讀，由於沒有北京戶口，大考時只能回老家應試，最終只考到一所普通的二流學校。而孩子的同學成績一般，卻因為是當地戶口，所以考進了名校。

又說鄰居家的誰誰早就該上某個職位了，本來今年要晉升，結果被一個空降部隊給「捷足先登」了……

最後兩人紛紛感慨——老天真是不公平啊！

這個世界上處處都存在著不公——沒錢的比不過有錢的，有實力的比不過有人脈的。

工作的第一年，我的同事燕子報名參加了公司所在的城市所舉行的歌唱大賽。雖然她算不上專業，但她的聲音有一種草原民族的韻味，而她熱愛音樂，曾在高中時代學過兩年聲樂，聽她唱歌是一種莫大的享受。

為了這場比賽，燕子費心準備了一個月，每天都厚著臉皮去向音樂系的朋友討教。

那個冬天，寒氣幾乎可以鑽入人的骨髓。燕子每天都早起練聲樂，因為剛出社會，大家都不願意多花錢租房子，全都住在公司安排的宿舍裡。為了不影響別人的睡眠，她每次都跑到宿舍後的小河邊練習，回來時頭髮上都結了一層冰霜。

一位前輩以過來人的經驗奉勸燕子——這種比賽看的不是實力而是後臺，誰的後臺硬誰就能摘下桂冠。但燕子仍堅信，只要憑藉著努力，一定能成功。

比賽的地方在市區裡的一座體育館，距離公司很遠。比賽當天，同事們紛紛跑到那裡看燕子比賽。天氣很冷，我們一起走在陌生的環境，手捧著路邊攤買的熱豆漿取暖，在那個空蕩蕩的場館裡耗了一整個下午的時光。

燕子發揮得非常好，一曲〈望月〉唱得極盡委婉纏綿、意境悠遠，贏得了全場的喝采。我們本以為燕子得第一名當之無愧、毫無疑問，但最後主辦單位卻將冠軍發給另一位表現稍遜色的男生。

那位男生的表現雖然也很出色，但誰都聽得出來，他和燕子的歌唱技巧還是有些差距的。

後來我們才得知，那位男生是某所音樂學校的學生。而這次的評委號稱是專業級別的資深人物，原來大部分都是那所音樂學校的老師——老師投票給自己的學生，似乎理所應當，我們明明覺得不公，卻還是沒地方說理。

我們一行人在場館的門口等燕子，她整個人像是一個被霜打過的茄子，我們幾個人臉上的表情也不好看，同行的一位同事更是憤憤不平地大呼主辦單位不公平！

回到公司後，前輩安慰我們：「比賽就是這樣，總有各種各樣的不公平，我們改變不了，只要有人懂，心裡清楚自己唱得怎麼樣就夠了！」

以前我有一位朋友叫萱萱，學的是會計專業，長得非常漂亮，氣質也很好。她工作非常努力，總是兢兢業業的，但卻有個致命的毛病——迷糊，平常工作的時候，往往會在統計資料或整理檔案時出錯。

經理經常叮囑她，但她總改不了這個壞毛病。

無奈之下，經理就什麼也不讓她做，不再讓她接觸業務和檔案，只讓她掛著業務員的名，做著行政、文書方面的工作，每天為客戶端茶、送水之類的。

但時間一長，別的員工對她就有意見了！明明拿一樣的錢，自己每天累得半死，她卻總是自在悠閒。

萱萱自己也覺得難為，同部門的人都有事做，唯獨她什麼事也不用做、不能做。即使她再努力，同事們都會用有色眼鏡看她，甚至開始孤立她。

萱萱感到非常茫然，她覺得自己只是偶爾會出錯，經理卻給她坐冷板凳，未免太不公平、太不近人情了吧？她感到非常委屈。

面對這樣的情況，萱萱一開始很難過，但她並沒有在沉默中滅亡，而是努力振作起來，變得更加努力。你不讓我工作，是嗎？好，那我就利用這些時間來學習！

從此，萱萱每天都會在別人工作時在一旁觀看，然後總結經驗。又看了很多會計方面的考試用書，利用別人工作的時間來學習，最終考取了會計師職照。

兩年後，經理升職被調走，又來了一位新經理。

新經理喜歡努力上進、熱愛學習的人，不太看重資質。他看到萱萱那麼用功學習、努力奮進，就安排了一個重要的職位給她。而萱萱經過兩年的學習和實踐，大大增強了業務能力，還變成了部門裡職位最高的人，所以經理給的任務她做起來非常得心應手，漸漸地就被提拔為部門主管。

正所謂「塞翁失馬，焉知非福」，原來的經理因為萱萱偶爾的粗心，就對她的要求非常嚴苛，甚至還把她打入冷宮。她覺得不公平，同事們也覺得不公平。但是萱萱面對這種不公平並沒有沉淪，而是選擇了繼續奮鬥、繼續學習，不斷超越自我，終於在新經理到來後，等到了翻身的機會。

不管你是否承認，這個世上總是存在著不公平。

既然我們身處在這個不公平的世界中，那就只有遵守遊戲規則才能生存下去。就算你崩潰大哭，埋怨一百遍也不會改變事實，也得不到任何好處。

但我們一定不能讓它得逞，要跟老天爺過招，化不公為力量，順勢而為、借力使力，說不定在過程中能讓你樂在其中、創造奇蹟。

一個優秀的人從不需要刻意的證明

真人不露相，
真正的強人都是深藏不露的。

我們經常能在武俠小說裡看到這樣的劇情：那些真正的武林高手不到最後緊急關頭從不輕易出手，比如掃地僧；那些急功近利想要證明自己而成天挑釁的人都是炮灰，比如慕容復。

小學時，我們班的音樂老師姓李，非常年輕氣盛，剛從學校畢業就來我們小學實習。

當時幾乎沒有音樂專長的音樂老師，所以當時的音樂課都是主科老師順便帶著上，寬鬆一點的老師還會用錄音機放個幾首歌曲給全班聽；碰到比較嚴厲的，音樂課就直接被主科佔用，拿來上課或考試。

李老師來了之後，全班都非常興奮，第一次看到鋼琴的景象，第一次碰觸琴鍵的感受，至今還記憶猶新。

當時我們小學在整個市區裡算是有名的重點學校，有了專業的音樂老師後，校長就張羅著要李老師成立校內合唱團，培養、發展我們學校的特色。

校長和李老師一商量，李老師覺得這是一個表現自己、證明自己實力的好機會，做得好說不定就能直接留下來。於是他不僅答意，還建議在兒童節那天舉辦一場演出——不僅僅是合唱，樂器演奏、獨唱、重唱及舞蹈，全部由他包辦。

校長欣然同意且寄予厚望。

然而，倘若李老師當時能稍微理智一點，不要急著求表現，也許能免於曝露自己經驗的不足。

鄙人不才，憑著音高的優勢被李老師選上了，那簡直是我人生裡最慘不忍睹的回憶。

上第一節課的時候，李老師一開嗓就把我震住了——真是「此曲只應天上有，人間哪得幾回聞」啊！這樣一個公鴨嗓真能唱出電視裡那種宏亮的男高音嗎？所幸抱有這種想法的人不只我一個，班主任代我提出了這個疑問。

李老師很淡定地答道：「我主修樂器，聲樂沒有具體接觸過，純屬自修。」

是我耳朵有問題？還是你腦子「秀逗」了？如果你去說給鬼聽，鬼會信嗎？但是，當時無知的我們竟深以為然。

在歷時兩個多月的折磨裡，除了耳朵遭受了慘無人道的摧殘以外，再無別的收穫。不過李老師的鋼琴彈得著實不錯，一首〈卡農〉彈得行雲流水，只不過從沒聽他彈過第二首曲子。

我表姐從小就在音樂老師家裡學鋼琴，在她的薰陶下，我雖然不會彈，但起碼有一定程度的鑒賞能力。

在教學方面，李老師的能力實在讓人不敢恭維。教別人練琴時，經常前後矛盾、前言不搭後語，哪個指法教過、哪個音階沒教過，自己都記錯了，簡直是錯誤百出。就在即將表演的前三天，表演的服裝、節目的順序都還沒搞定。

學校為了壯大聲勢，特意邀請了市裡有名的專業人員來觀看，結果舞蹈的走位、樂器與歌曲的搭配被批得一無是處。李老師只能摸摸鼻子挨了頓罵，從此也只能老老實實地上課。

當你想證明自己的時候，精力就放在自己的表現上，或者說腦子裡想的是自己在別人眼中的樣子，這樣就不會顯現出自己的笨拙。

但最重要的是「結果」。當你想竭盡全力去證明自己的時候，還會有多少精力能放在本身的事情上呢？如此一來，離失敗大概也不遠了。

想擁有聰明人的欲望，會讓人變得喜歡爭執、喜歡咄咄逼人地證明自己是對的，它也使人變得固執和盲從。這種人一旦發現別人不懂就窮追猛打，一旦發現別人的小辮子就抓著不放，當他們想教育那些不懂的別人時，往往沒發現自己有多麼無知。

愛叫的狗不兇，越擅長做表面功夫，越會突顯、證明你內心的空虛。

不知道你們有沒有遇過這樣的朋友——少年老成、成熟穩重，看上去就特別可靠。平時行事低調，但當大家遭逢天大難題時，他就會變成救世主的存在。

我就曾經有過這樣的一位同事。

在大大小小的會議中，總有那麼一些熱衷回答上司提問的同事，每逢上司提問，不論什麼問題，他們都會立刻作答，把會議變成有獎徵答似的。

然而，我那位同事面對簡單的提問，往往不太會回答，只有碰到眾人難以解決的問題或是眾人都沒有想法時，他才會不疾不徐地站起來，然後脈絡清晰、有理有據地說出自己的想法。

每次他說完，上司看他的目光都會和善許多，臉上也都會露出滿意的笑容。

公司每年都會舉行籃球比賽，每年的參賽人選都讓部門經理頭痛個半天，每每都要借用上司的威嚴去施壓，或用獎金做為誘惑，否則根本沒人報名。

這位同事平常從不和人一起打球，體育活動表現也不突出，但最後實在是無人可用，上司只能威脅他報名參加。

大多數人不看好他，因為身為一個男生來說，他太過於瘦弱，不過，當他在球場上跑出風一般的速度，並且輕而易舉地投中一顆三分球後，同事們先是驚愕，繼而爆發出熱烈的歡呼聲。

所以說，真人不露相，真正的強人都是深藏不露的。

將配角做到極致，才有資格做主角

你今天做的這些微薄簡單之工作，
將會是奠定日後輝煌人生的基礎。

有的人會有這種體會：我的學歷、工作能力、行業經驗等各方面都不差，為何總是找不到一份體面像樣的工作？我的樣貌、身材、性格等綜合分數並不低，為何總是得不到優秀青年的愛慕、青睞？

前幾天，我遇到一位生意夥伴子菁，她從某間國立大學畢業，五年多來挑戰過各種職業，英文翻譯、行政祕書、活動企劃、行銷公關等，她對每份工作都抱持著非常積極認真的態度，卻總在不久之後對職務產生倦怠，不肯多深入、努力一分。

最嚴重的是，這五年來，她拼命地輾轉於各行各業中，如今早已累得精疲力竭，卻仍然沒有得到自己想要的職位。

最終，她因為對自身的失望，不得不辭職、賦閒在家。原本想要弄清楚自己原地踏步的原因，卻沒想到幾個月時間就這樣過去了，自己依舊無所收穫。

通過和子菁的交談，我明顯感覺到她對自己有相當高的期望，但現實與理想之間的落差給了她不小的打擊。

她一再強調，自己應該是舞臺中央那顆閃耀的明星，而不該像個小丑一樣站在燈光黯淡的角落。

我知道，她想要成為萬眾矚目的主角，所以不甘心這般辛苦地做著一份毫不起眼的工作，只能做他人事業上的配角。

她說，之前的那些工作都沒什麼用到專業技術，根本突顯不出她的優勢。看同輩的事業做得風生水起，她不明白為何自己這樣好強，最後卻只能眼睜睜看著別人風光。

她也想過創業，可又擔心自己一點經驗都沒有，到時候上當受騙，弄得人財兩空。

聽了她這些話，我初步認定，她目前的心態正是人們常說的那種「眼高手低」——總以為主角很好當，主角的工作很好做，而自己的工作沒什麼分量，也就提不起任何鬥志。

我又想到了前陣子有位朋友向我抱怨，公司一個看起來什麼都不會的人，居然深受老闆的器重，甚至破格升職加薪，而他這種既有專業知識又拼命工作的人，竟還是領著死薪水。

當時我並沒有明說什麼，只是簡單地寬慰了他幾句。

事實上，我寧願相信，那些我們所不服的人，往往有我們未發現的特長。他們或者很會討老闆的歡心，或者在某些地方有獨樹一幟的一面。畢竟一個老闆能撐起一家公司，他總會有我們未必能看到的眼光和能力。

公司想要快速而穩定地發展，老闆就要對主要員工所具備的能力瞭若指掌，對公司的發展運籌帷幄。俗語說「一個蘿蔔一個坑」，沒有難達成的目標，只有不合適的安排。

每個人只要找到適合自己的位置，整個公司就會像運轉正常的機器一樣，安全、有保障地運行。

行軍打仗需要統帥，也需要士兵——老闆掌控著整間公司的區域作戰，而每個員工都是戰場上不可缺少的元素。雖然因為資歷等各種因素，你只能暫時做隊伍裡毫不起眼的一枚小兵，但這不代表你是沒用的。

不想當將軍的士兵不是一個好士兵。但過猶不及，如果像子菁一樣，每天只是做著當將軍的美夢，則很可能會懈怠自己身為小兵的職責和任務。

除非你有很硬的社會背景或是非常強大的天賦，否則大部分的人剛走出校門，去任何一家公司，都會從最基礎、最簡單的單位開始著手做起。

但因為對待本職工作的態度不同，有些人在磨礪了三、五年後，順利地走向中高層，成為管理人員；有些人則還在原地踏步，對這間公司不滿意就跳到另一家，對這個崗位不滿意就換到別的崗位，久而久之，時間浪費掉了，能力卻沒任何的提升，更別提要升職，進入管理層，做主管和部門經理了。

就像吃一塊大蛋糕，只用一口是吞不下一整塊的，做人做事都需要踏踏實實、一步步地完成。而你今天做的這些微薄簡單之工作，將會是奠定日後輝煌人生的基礎。

我不相信，一個連小事都做不好的人，將來可以做成大事，所謂「一屋不掃，何以掃天下」就是這個道理。

再看看那些順利加薪、獲得夢想職位的人都是怎麼做的吧！一開始，他們也只是在很平凡的職位，但他們從來不「眼高手低」，而是踏踏實實地在本崗位做出貢獻，做出成績。

漸漸地，他們掌握的技能越來越多，對業務也越來越熟練，不斷地受到領導的表揚，領導自然願意將更重要的工作交到他們的手上——就像上臺階，你想要站到最高的地方，總要一級一級地往上邁。

反之，沒有能力站在主角位置的人，就算領導把重任交給了他，他也會因為能力不足而無法承擔大任。

只有客觀上承認自己與主角的能力有差距，私下督促自己要更加努力，想辦法彌補自身的不足，而非自怨自艾，我們才有機會能站到更大的舞臺上。

值得注意的是，並不是要你只把注意力放在「配角」的位置上，每天告訴自己只要完成自己的小事就行，而是要你在認真做好本職工作時，也能嘗試著用主管的眼光看待問題。

比如，遇事多問問自己：「如果我是主管，這件事我會怎麼處理？」

我的另一位朋友就很擅長這樣做，因為她總能很輕易地在工作中揣摩老闆的心思甚至是心情，進而把每件事情都做得相當出色，所以她很快地就被提升為部門主管。

這正應驗了那句「不想當將軍的士兵不是好士兵」，在士兵的職位上做出成績，同時要學會站在將軍的角度考慮問題，這才是聰明的做法。

其實，當你將自己定位成一名管理者時，你能想到的事情永遠比普通員工多。你看待事情的時候，就會想得更長遠、更細緻，而不僅僅是把視線放在當前的位置。

如果能一直保持這樣，你的能力就會漸漸得到提升，那麼，升職加薪也就不再是遙遠的夢。

所以說，再也不要傻傻地抱怨自己配角的命運，要知道市場需求決定存在價值，如果你真的很有能力，老闆怎會對你視而不見？

職場如戰場，沒有永恆的主角，也沒有一成不變的配角，只要你擺正心態，勤奮努力，將配角做到極致，終有一天會成為夢想中的那名主角！

擺脫了拖延症，你也做不成什麼大事

擺脫了拖延症，
還是會有各種其他的「病」找上門來。

莉莉最近打電話給我，跟我訴苦，表示自己的拖延症沒救了！老闆給她下了最後通牒，再晚交報表就要開除她。

莉莉覺得自己的自我認知是很高的，對自己的優缺點瞭若指掌。她也常自我調侃，天氣冷時一直說要添加衣服，直到已受寒、感冒了，厚重衣服仍然壓在箱底；購物車裡收藏的寶貝，一直拖到日期失效了都沒付款；一直嚷著要去吃的那家館子都換了店名甚至還換了老闆也沒吃成；說好要交的論文也得趕在截止日才傳送到教授的信箱……

所以，她明確知道自己患有「拖延症」，這是一種大多數現代人都有的通病。

說到這裡，我們要先釐清一個概念——「拖延症」一定會導致拖拉，但並不是所有的拖拉都是拖延症。

我們把國內、外研究拖延症的權威所給的各種解釋彙整一下：「拖延症」是指明知結果有害且可避免的情況下，仍然把事情向後延遲。

重點在於構成拖延的條件是「後果有害」且「本可避免」。也就是說，那些沒有造成惡果或者本來就無法避免的延遲，是不能稱為拖延。

比如，學生時代，勤奮的你給自己定下一天背一百個單字的目標，但是你的實際能力注定你每天只能記住三十個單字。

一個星期下來，你發現自己落後了幾百個單字沒背，震驚過後你開始自責、悔恨，也更加發奮努力。然後，下個星期繼續惡性循環，於是乎，你懷疑自己患上了二十一世紀發病率最高的絕症——拖延症。

實際上，一天背一百個單字本來就違背了你的能力，背不起來是無法避免的。所以這種違背人性的延遲並不足以誇大稱之為拖延症，只能算是自身能力不足。

其實，嚴格來說，醫學上壓根就沒有「拖延症」一說，它屬於一種大詞小用的現象，也是把專業概念拿來套用於日常的一種自我戲謔——真正的沒病找病，真是活得久了什麼都能見到。

但在當今社會，如果你沒罹患拖延症，你可能會不好意思跟年輕人坐在一起兒愉快地聊天。

朋友小小整天嚷著自己已病入膏肓、無藥可救，嚷著拖延症帶給她多麼大、多麼多的危害，甚至買了好幾本關於擺脫拖延症的書，至今卻一本都沒看完。

有鑒於現在這份工作職務清閒、薪資可觀，小小堅決不放過這條大魚，決心改掉拖延症，甚至在朋友圈中發文公告，要求親朋好友們共同監督她。

我曾因某個原因在她家住過一個週末，有幸見到了她一天的生活狀態。

早上睡到太陽曬屁股了才起床，刷牙、洗臉時還要一邊滑手機，滑了好幾分鐘，才刷完幾顆牙，點了無數個讚，才洗完半張臉，用掉將近一個小時後，決定將早餐和午餐合而為一。

中午，收到超商取貨的簡訊，包裹已送達家附近的超商，她決定吃完飯後去取貨。結果竟下起雨來，所以她打算拖到隔天再去取貨。

好不容易吃完午飯，她把自己往沙發上一扔，打開筆記型電腦，美其名說是要找資料來完成作業，一會兒說沒靈感要找書，一會兒說想上廁所，一會兒又說肚子餓然後開始吃零食。一整個下午的時間就這樣消磨掉了，要寫的作業還是一片空白。

到了要吃晚餐的時候，打開冰箱才猛然想起，說要去買菜卻一直沒去，冰箱早已空空如也。要出去吃又嫌麻煩，還得化妝、換衣服，因猶豫而磨蹭掉幾分鐘後，這才決定叫外賣。

拖到入睡的時間，說好敷完面膜就睡。結果撕下面膜後，眼睛還是死盯在電視螢幕上，非得拖到三更半夜才肯乖乖上床睡覺。

第二天又把昨天的模式複製貼上一遍，除了快遞——她以單獨跑一趟太煩人的理由，決定等逛街的時候再一起取了。

不過透過對朋友圈更新的內容來看，小小確實進步了不少。

首先她能正確認識到拖延症的危害，然後正視自己的錯誤，打心底認為拖延症是個不好的習慣，真心地想改掉它，並且意識到：這種拖延是完全沒有必要的，就算拖到最後，也不會有人替你完成本該是你自己要做的事。

另外，她給自己制訂了嚴格的計畫表，每天把要做的事都寫在清單上，嚴格遵循、時刻提醒，還將重點特別標註出來。雖然完成率有些慘不忍睹，但是做了總比不做強，不是嗎？並且能改變自己的態度和心態，努力讓自己愛上工作。

然而，當局者迷，旁觀者清。

其實，小小並沒有真正認清自己的缺點——拖延症是果不是因，不是因為你有拖延症才導致你拖拉懶惰、注意力渙散，而是由於你的懶惰、貪圖享樂才致使你有拖延的毛病。

小小並沒有看到自己整天哀號著忙忙忙、工作時間不夠，卻有時間娛樂休閒；下班時工作還有一點就要完成了，因要耽誤自己的時間而推到明天，卻能跑到離家五公里的一家餐廳吃飯，還不覺得浪費時間；也沒有意識到勉強完成的工作之所以很一般，不是由於時間緊促，而是自己能力有限，只能做到這樣。

所以，最終的結果還是，小小被解僱了。老闆給出的理由是：拖延可以忍，畢竟不是你自己的公司、不是你自己的事業，沒人會始終保持著熱情和激情，但是被解僱的原因並不是這個，其實只是能力問題。

每當你錯過良好的機會或搞砸某件重要的事情時，你都會用拖延症來安慰自己：我不是沒能力，而是我太會拖拉、沒時間觀念，然而，當你以為自己因為拖延症所以不能做成大事，當你改掉所謂的拖延症，你就會發現，並沒什麼不同。

開玩笑，沒了拖延症，你以為自己就能成就大事了？

街頭隨處可見四處吆喝賣小吃、早點的人，他們勤勞努力，絕對沒有拖延症這種故作呻吟的病，但他們只能做小攤販，推著餐車風吹日曬，過不了體面的生活，那是因為他們的能力決定了自己的這種生活。

老實說，擺脫了拖延症，還是會有各種其他的「病」找上門來，拖延症只是你為自己懶惰、貪圖享受或能力不足所找的藉口罷了！

第五章

所有的社會關係都是利用關係

所有的社會關係都是利用關係

要不就是你很弱，沒有利用價值；
要不就是你很厲害，不需要利用朋友。

前幾天，在某個論壇上看到這樣一篇貼文〈只有永遠的利益，沒有永遠的朋友〉，內容詳細敘述了自己對好友如何好、付出了多少卻被好友利用、壓榨的全部過程。

文章底下的回覆區，有人很快地接話，回應得義憤填膺。於是，各個被朋友利用過的人紛紛冒了出來，爭相認為自己是被坑得最慘的那個。

這時，有個經常混跡論壇、「德高望重」的前輩冒出一句：「如果你從未利用過自己的朋友，那只能證明你根本沒有朋友。如果你從未被朋友利用過，也只能說明你是孤家寡人一個。」

若是以前的我看到這句話，一定會氣得像打了雞血似的在鍵盤上劈哩啪啦地一頓反駁，然而，現在我卻覺得這簡直是世間最大的真理！

大學時期，有位王同學和我曾是親密無間的朋友，如今也只落得個相忘於江湖的地步。究其原因，其人簡直厚顏無恥到了極點，過河拆橋，尤其做作，典型的「得了便宜還賣乖」。

平時老是讓我跑腿、出門逛街不帶錢總讓我付、一有解決不了的問題就找我等等，而我們專業不同，因為志趣相投加入了同一社團，每次社團裡有什麼活動，她就要我做。

我一個人做了一年多的海報，署名還得掛上她，做完了她還唧唧歪歪，嫌這不好、嫌那不好。

我請她自己做，她一下說自己寫字不好看，一下又說自己有作業要寫，或是指老師找她幫忙……等。總之，用各種藉口搪塞我。

我們共同的朋友說她這樣做不對，她就裝可憐，說我們聯合起來打壓她，還到處說她是因為信任我、依賴我，才把事情交給我做的。

可是，我做了，有本事的話，你就別邀功啊！

大二暑假，我們專業的人都在準備考研究所，我也順便找了份兼差來做。同學們為了方便來回，都從學姐、學長手裡買了二手摩托車，我也準備買一輛。

一位關係好的學長特意把車留給我用，但因為他不打算收我的錢，我一直猶豫要不要接受。

不知王同學從哪聽來這個消息，高高在上地對我說，暑假她也不打算回家，找了一份特別好的工讀工作，像個指揮官似的，要我把車讓給她。

我轉念一想，我不好意思不給錢，學長也礙於情面不好意思拿錢，賣給她就不一樣了，他們倆不認識也好談價錢，便欣然同意了。甚至，我還當起了他們的中間人，給了她學長的聯繫方式。

很快王同學就拿到了車，學長也畢業離開，步入了社會。幾天後，卻突然接到學長的電話，問我車騎得怎麼樣？

我實在莫名其妙，細問之下才得知王同學竟跟學長說這車是我要買的，但不好意思提錢，便讓她出面，最後沒要一分錢讓她給騎走了！

說難聽點，這是赤裸裸的利用我的名義騙錢，氣得我當時大罵「三字經」！

我立馬找她理論，她說自己根本就沒這樣說，是學長自己不要拿錢的，又把黑鍋甩學長身上去了！

老娘信了你的邪！

那可是好上千元耶！人家認得你誰啊？還免費給你？做夢啊！天上掉餡餅也砸不到你呀！

我立刻就跟她絕交了，切斷她所有的聯繫方式，這輩子不打算再見面。

然而，時間真的會改變一切，當時覺得自己被利用，覺得根本是悲憤欲絕，而整整失落了好幾天。

出社會後，才理解職場的互動、同事間的鉤心鬥角，簡直堪稱宮鬥大戲——能被人利用，你就應該像妃子被翻了牌一樣感恩戴德，因為這說明你還有利用的價值。

「朋友是拿來利用的！」這句話不那麼好聽，但它實在。

試問，不管是在工作中還是生活中，我們哪個人沒有利用過朋友呢？誰敢說沒被朋友利用過呢？

如果你敢拍著胸脯說：「我從沒利用過朋友，也沒被朋友利用過。」那只能說，要不就是你很弱，沒有利用價值；要不就是你很厲害，不需要利用朋友。

都說朋友多了路好走，路為什麼好走？因為在有困難的時候，朋友能幫一下忙。那麼交新朋友、交更多朋友，又是為了什麼？為了在你有困難的時候，朋友們能幫個忙。所以，交朋友就是為了互相幫忙，而互相幫忙不就是互相利用嗎？

然而，不僅朋友是用來利用的，所有的社會關係都是利用關係。

上學時，盡心盡力地討好老師，是為了利用情分獲得學分、取得獎學金；上班後，低頭哈腰地討好上司，是為了利用關係向上爬；能力不足的親友找你幫忙、找你介紹工作，你再向更有能力的親友尋求幫助，這一層層的，都是在利用關係。

富豪會和乞丐打招呼，那是出於他的修養，出於對他人的尊敬，但他永遠不會和乞丐交往，因為乞丐只會索取他的資源，並不能帶給他相應的資源。

劉備為什麼跟關羽、張飛結拜？因為要實現自己的抱負，為了他的江山，他需要關羽、張飛來保護他，需要利用他們的武功來成全自己的抱負。如果關羽、張飛不會武功，劉備會跟他們走到一起嗎？三個人會結拜嗎？同樣的，關羽、張飛也有抱負、也有心願，但是他們只會武功、只會蠻幹，不像劉備那樣懂政治。所以，他們的結盟是互相利用。

現實生活中，這種事情比比皆是。有路子沒錢的人找有錢沒路子的人合作做事業；有錢沒能力的朋友找有能力沒錢的朋友聯手辦事情。如果能找到像關羽、張飛那種既出力又出錢的朋友來鼎力相助，何愁大業不成？

同事、親友聚在一起唱歌跳舞、喝酒吃飯、打牌，為的是什麼？為的是要享受大家在一起時的開心氛圍，為的是要讓自己的生活豐富多彩、充滿樂趣，所以終究還是為了要讓自己開心。

如此，難道不是在利用朋友？

有誰敢拍胸脯說自己跟朋友喝酒吃飯、唱歌跳舞、打牌不是為了自己，而是為了讓朋友開心的？別扯了，鬼都不信！

所謂「利用」，原意為「物盡其用」，使事物或人能發揮效能，指借外物達到某種目的或用手段使人事物為己服務。

前一句是正解，後一句為負解。然而，我們好像只記住了「利用」的負面意思，忘記了它積極的一面。

所以，被人利用，不必傷心，因為利用不一定是冷酷無情的；相反的，相互利用才是雙方關係友好長存的基石。

被人需要的，才是有價值的

你想得到什麼，就必須擁有可以與之交換的東西。

工作中，總是會聽見無數的人抱怨不斷：「天哪！為什麼我整天都這麼忙碌？覺得自己快被老闆榨乾了，但為什麼有些人可以吃喝玩樂、無所作為？為什麼我就這麼慘……」

鄰居張傑就是那種無所作為的人。

從小，張傑就是一個平凡的孩子，家庭條件一般、學習成績一般且長相也一般。他對自己的要求不高，能安安穩穩地過一輩子就好。所以，他從小學到中學再到大學，都是班上不起眼的存在，無論是老師還是同學，大家偶爾想找人幫忙，從來不會有人想到他，以至於連同學會，班長都漏了找他。

張傑考上了一所不好不壞的大學，混了四年後畢業，出來找工作。

在一間公司應聘營運助理職務時，面試官是他母校的一位學長。

一般來說，出於某種情懷，已經在社會上工作的人，一旦碰到一位母校畢業的應屆畢業生都會格外照顧，反正都是招人，只要水準差不多，能力還過得去，都願意給他們一個機會去試一試。

這個學長也不例外，打算只要張傑的表現還算過得去，就給他個機會。

但是，短短幾分鐘的面試，從談吐到思路，張傑整個思維模式都是混亂不堪的，而他一直在講來公司後自己可以學到多少知識、可以獲得最前線的商業培養，對於自己能夠給公司帶來多少價值、公司可以從他身上獲取到什麼卻隻字未提。

最終，張傑沒有被錄用。因為他對公司沒有價值，不能為公司帶來更多效益。這不是面試官勢利，而是人存在的價值，說白一點，公司用人，不就因為員工有可利用的價值嗎？

後來張傑進入一家普通的公司工作，由於公司規模不大、業務不多，平時工作比較清閒，於是他就養成了不努力、每天混日子的狀態。工作能拖就拖，靠著基本工資維持基本生活。

後來，由於經濟情勢不好，老闆為了節約成本不得不裁員，不得不讓一個人做好幾個人的工作。於是，沒有利用價值的張傑，毫不意外地成了第一批被裁掉的人。

我只能說，工作繁重的那些人，你們該暗自慶幸，別得了便宜還賣乖。你做這些事情，難道沒有多拿錢？這說明了你被人需要，如果你每天吃喝玩樂、無所事事，那才要哭呢！你會被淘汰，就是因為你喪失了個體價值，對公司、對社會要有價值，才能更好地生存下去。

好朋友小安是我的高中同學，大學畢業後做了「畢婚族」，一年後就生了一位胖娃兒，進而當起了全職媽媽，這些年算是沒正式上過班。

孩子大了之後，小安覺得每天在家待得都快發黴了，想出來找份工作，卻不知從何開始找起，不知道業界現在需要哪些技能。

對此小安很是傷腦筋，因為關係特別好，她就找我商量。但是我跟她的專業完全不搭邊，不認識這方面的人，愛莫能助。

後來她老公說：「你不是有很多同學都在這座城市嗎？好幾個都在做行政、文書、人資方面的工作，你可以問問他們嗎？看看有沒有相關管道，順道向他們討教一些經驗啊！這也值得發愁？要學會合理地運用人脈，沒聽說過嗎？朋友就是要互相利用，我們利用他，正說明了我們相信他的能力。」

那時候一起瘋狂玩樂、一起胡亂蹺課、一起熬夜備考的同窗，在大學畢業後，各奔東西、再無交集，也沒有互相幫助的機會了，因為感情已淡。

高中時的幾個死黨姐妹淘們，現在也因為各自在不同的城市做著不同的行業，基本上不再聯絡，感情也漸行漸遠。

小安聯繫了幾位同學，一聽到這件事，有的乾脆就一口回絕，有的敷衍地說會幫她留意，只有一位爽快地說包在她身上，要小安等她回信，然後，就沒有然後了。

這些人剛到小安所在的城市打拼時，小安曾經盡可能地給他們提供幫助，可是當他們一個個爬上高位，不再需要小安的幫助時，竟沒有任何一個人願意回頭幫她，人情冷暖，可想而知。

當有人找你幫忙時，那是你有能力；當有人求你時，那是你成功了；可是當某些人對你無所謂時，說明你已不再被人需要，沒有利用價值了。

後來不知小安受了誰的勸說，做起了「微商」。

只是，這同樣讓小安苦惱，因為她發現自己的手機通訊錄、微信或者QQ上，並沒有多少認識的人，在這個靠朋友、靠熟人吃飯的圈子裡，自己似乎沒什麼人脈。

而存在於通訊錄裡的熟人、朋友也不怎麼給力，感興趣或者來問價的人，一個都沒有。都說在朋友圈賣東西就是在賣面子，銷售產品即是銷售個人，可是小安好像在熟人圈裡刷不了臉。

小安跟我抱怨，現在才發現自己想找人時找不到人可用，有什麼事想尋求人幫助時才發現沒有人脈可用。看著別人呼朋引伴、一呼百應，輕輕鬆鬆地將事情解決，自己卻什麼也不行，真是充滿了羨慕嫉妒恨。

不管你怎樣黯然神傷、怎樣懊惱悔恨——為什麼「人」到用時方恨少，但事實就擺在那兒，我們每個人應該先掂量掂量自己的斤兩，你有什麼值得人家去理睬的價值？

做人講究有來有往，從來沒有人傻到去做免費的投資，你身上有沒有被人需要的利用價值，人家憑什麼要認識你？不管是虛擬的還是實際的，你總得有一些價值，不然，人家存著你的聯繫方式，還覺得佔手機容量空間呢！

你平時有沒有下功夫去維護自己的人脈關係？有沒有自我增值？不要怪人家為什麼不理你、不幫你做生意，人脈的累積取決於你自己身上是否有人家需要的價值。

社會很現實但也很公平，你不被需要，就代表你一文不值，別人連看你一眼都嫌浪費，又談何互助。但是，當你身上所能換取的價值越多，你的人脈會越來越多，人脈的層次也會越來越高。所以，你想得到什麼，就必須擁有可以與之交換的東西。

我們要做一個對別人有用的人

當你不能創造出價值的時候，你將會被社會淘汰。

曾在一本書上看到這樣一個故事：有一天，小雞問雞媽媽：「媽媽，你今天可不可以陪我們出去玩，不要一直待在這裡下蛋了，下蛋多累啊！」雞媽媽回答道：「不行啊！孩子，這是我的工作，是我存在的價值。」

「可是你已經下了很多蛋啊！」

雞媽媽看了看旁邊空蕩蕩的豬圈，又看著小雞，然後意味深長地說：「一天一個蛋，刀斧靠邊站。孩子，知道隔壁的豬奶奶為什麼不見了嗎？因為它老了，沒有用處了，所以人類把它殺掉了。下蛋是我對人類唯一有用的地方，如果我每天不能產生價值，我也將會被殺掉。」

動物如此，人也是一樣。當你不能創造出價值的時候，你將會被社會淘汰。

我的兩個朋友在畢業後進入了同一間公司，一個家境優渥，是靠關係進去的，所以整日不用多做任何事情，只需吃喝玩樂，姑且稱她為「後門小姐」；另一個是憑藉自己的努力進去的，因為沒有任何背景只能拼命苦幹，連好好吃頓飯的時間都沒有，我們不妨叫他「努力先生」。

努力付出的人總不會被辜負，辛勤的人總能被伯樂賞識。

努力先生在工作上也算順風順水，一路順利晉升，但是每日要完成的工作更多，任務也更加辛苦。而後門小姐，雖說沒有升職加薪，但公司依舊好吃好喝地供養著、依舊無所是事。

很多人一定都會覺得不公平，為什麼無所作為的人，都能被留下還不用那麼辛苦工作？你一定認為，應該把那個找關係進去的後門小姐辭退，而埋頭苦幹的努力先生應該一路晉升、迎娶白富美、坐上CEO，走上人生的巔峰吧！

唉！可惜理想很豐滿、現實很骨感。

產生這種情況的原因很簡單：後門小姐有更大的利用價值，她背後的關係、背景就是她的能量。與努力先生不同的是，她的價值是她先天自帶的屬性，不需要自己奮鬥就能得來。

而努力先生只能靠自己給自己創造價值，他沒日沒夜地為公司盡心竭力，在大事小事上面都表現得異常出色。老闆平時也對他讚賞有加，還笑稱要把年底的「最佳員工獎」頒給他。

但是到了年終的時候，「最佳員工獎」卻頒給了後門小姐，她還多拿到一筆獎金。原來在臨近年底的時候，公司出了一個不小的問題，老闆絞盡腦汁、多方應酬後還是解決不了，無奈之下找到後門小姐，希望她能夠幫公司渡過難關。

後門小姐跟家裡親友打了聲招呼，一頓飯就把問題解決了。老闆自然對她感激萬分，為表謝意，就把年底最佳優秀員工獎給了她。

當時公司好多人都為努力先生打抱不平。

努力先生的成績大家都看在眼裡，明明最用心工作的人是他，老闆平時也總誇讚他是公司新人裡面最優秀的。而後門小姐就說了那麼幾句話，平時打個卡就走，從未做過一件正經事，這樣的人憑什麼是「最佳員工」呢？

有人對努力先生說：「老闆也太勢利了吧！需要你的時候就把你誇得跟花一樣，什麼都好說，不需要你的時候就把你扔到一邊去了！你這麼拼死拼活地做事，最後還比不上別人輕輕說的幾句話，老闆簡直就是過河拆橋，利用完就扔！」

努力先生想了想，說：「老闆與員工之間本來就是利用關係，你需要靠他維持生活，他也需要靠你賺取利益，只是看誰更有用罷了！」

「在公司出現困難需要幫助的時候，我是無能為力的，真正有能力幫助公司渡過難關的人是後門小姐，不管她是靠關係還是其他原因，但不可否認的一點就是，她的確解救了公司。所以對於公司來說，她的用處比我大、價值比我高。」

「我也許能夠幫公司擴大業務量、增加利潤，但是後門小姐卻可以讓公司起死回生，讓公司存活下去。試想公司如果沒有了，要我這樣的人還有什麼用呢？所以她才是真正有用的人，我需要更加努力才是。」

老闆一直通過口頭的讚賞和虛無的獎勵來激勵努力先生做事情，這就是一種利用。但反過來想想，老闆為什麼只表揚努力先生而不表揚別人？說明他做的事情是有價值的。

後門小姐用自己家裡的關係擺平公司的麻煩，老闆就把年終獎發給了她，這也是在利用她。只不過他們兩個人值得被利用的點不一樣而已。

換句話說，後門小姐與努力先生都是被老闆「利用」的，後門小姐有背景可利用，努力先生有能力可利用。反過來看，老闆也是被後門小姐和努力先生利用著的，因為他們付出這些，老闆也會支付他們薪水。

但是後門小姐的價值來自於家庭背景，跟她本人無關。如果有一天，後門小姐的家庭出現問題，與外界的關係鏈斷了，那麼，後門小姐自身對公司而言將不再擁有任何價值。

而努力先生卻恰恰相反，他的價值是靠自己一步一腳印拼出來的，所有的人脈、關係鏈都來自他自己，他的事業和發展都控制在自己身上。

正是因為明白這一點，努力先生努力讓自己變得更好，只為了讓自己更有用處，讓別人更能利用你，這樣，才不會失業。

人與人的相處都帶有一定的目的性，決定性因素也是你的利用價值的大小，也就是能給他人帶來的「收益」有多少。就算是交友、戀愛，也是看這個人能否給你帶來舒適和愉悅感，這也是一種利用價值。

最簡單的例子就是小孩子交朋友。在幼稚園裡，玩具最多的小朋友玩伴最多，因為和他在一起能玩到更多的玩具。

就像《歡樂頌》裡的五個女孩一樣，明明住在同一樓層，彼此都以朋友相稱，但是明顯看得出來，安迪和曲筱筱的交往互動最多。因為曲筱筱是富家女，她有能力在安迪被人家污蔑的時候息事寧人，帶她逃離輿論風波。

同樣，安迪是女強人，商業精英，她能夠幫曲筱筱這個商業菜鳥在談判時指點迷津、扭轉乾坤。五個人中，她們是對彼此最有用的那一個。

存在就是因為你有價值，當你被淘汰的時候就是因為你喪失了價值。過去的價值不代表未來的地位，所以，我們只能每天不斷努力、提升自己——對公司、對社會有價值才能更好地生存下去。

不論是交際圈，還是工作中，只要你想與人交往、得到更大的利益，你就必須提高自己的價值——要嘛有才，要嘛有財。

和負能量的人在一起，每天都會很開心

原來「懟人」是件如此令人愉快的事情，最重要的是，每天有人免費送上門讓你「懟」。

在沙漠旅行而手中只有半杯水時，樂觀的人會想：「太好了，我還有半杯水！」悲觀的人會想：「天哪！我只剩半杯水了！」

娜娜升職後，和男朋友分手了。同事們都在背後說她太勢利，看不上沒有晉升的男朋友。

對此，我只想表示——幹得漂亮！

娜娜比前男友早進公司幾個月，精明能幹、好學上進，沒多久自己就摸索出了一套門路。那個男生進入公司後，上司讓娜娜帶他。從此，一段孽緣就開始了。

男生稱得上高大英俊，在這個只看臉的世界，外貌即正義，娜娜對他頗有好感。一次下雨，娜娜沒帶傘，他便把自己的傘借給娜娜，一把傘換得了娜娜一顆芳心。

打住，別瞎想，這可不是《白蛇傳》。

許仙沒大本事，好歹撐得起一間醫館啊！這男生則內向自卑、業務能力不夠，做什麼，不行什麼。娜娜一心想幫他，於是一步步地教他工作流程，將自己積累的一些訣竅傾囊相授，把手上的資源、人脈毫無保留地介紹給他。

在娜娜的指點下，男生的業績比一般同事高出一截，只不過比起她，還是差了一些。

男生其實真的很優秀也很努力，但是骨子裡特別悲觀，對自己懷有深深的自卑感，甚至一直懷疑自己的能力。

當男生懷疑自己的時候，娜娜就耐心地激勵他、給他加油打氣，但男生根本聽不進去，每天都非常地焦躁，甚至在娜娜稱讚他的業績在同行裡已經算是很優秀時，竟挖苦娜娜：「同行？優秀？我哪能跟妳比！」一句話就把娜娜的嘴給堵住了。

那時候，她就已經感覺到，這段感情注定不會長久。

因為在這段關係裡，他們的能量一開始就是不對等的。

娜娜積極樂觀、陽光開朗，帶有正能量。而男生一直把自己困在負面情緒中，明明已經很優秀了，卻總把自己想成是個一無是處、糟糕透頂的人，腦袋裡充滿悲觀絕望，負能量滿滿。

娜娜需要一直安慰他、鼓勵他及開導他，為他注入正能量。可是男生的心就像黑洞一樣，不斷地吸走她的正能量，然後，他的世界還是毫無起色。

娜娜升職後，男朋友的自我價值感更低，成天自怨自艾，覺得自己能力不行，甚至對待工作也有些懈怠。娜娜實在受不了他的低氣壓，因而決定和他分手。

娜娜說：「他總是給我負能量又喋喋不休地講他工作有多不順心、老闆有多小氣。有次半夜打電話給我，一個小時都在說自己有多迷茫，覺得人生沒有希望。我是怕他了呀！因為翻來覆去的都是那些話，簡直像祥林嫂一直叨唸著她的阿毛一樣！」

娜娜一再跟我說，他不是能力不足，只是他習慣懷疑自己、否定自己，他的精力被負面情緒消耗，整日生活在自己打造出來的痛苦中，讓自己和身邊的人都倍受煎熬。

跟一個渾身充滿負能量的人在一起，是看不到未來的，因為在他的眼裡，無時無刻都是世界末日，實在是爛泥扶不上牆！

再說說我的新同事小林，人還算是賢淑善良的，很好相處，但我總是敬而遠之。因為不管什麼東西擺在她面前，她總習慣性地會看到不足，這不好、那不好，對未來充滿悲觀絕望，每天還唉聲嘆氣：「以後只能一個人過了，這世上不會有好男人的」、「現在都這樣子了，以後不就更慘嗎」、「物價又漲了，拿這點工資的我該怎麼活呢」。

你還是別活了吧！地球都被你浪費了那麼多空氣，可別再去浪費了土地！她天天逮到人就抱怨，今天說公司制度不合理，加班沒有加班費；明天再說老闆專斷獨裁，恨不得剝削完她的全部的時間和精力。

別光說啊！有本事你就辭職啊！

凌晨一、兩點，她還會在微信上發好幾大段的語音訊息，抱怨自己白天在工作上遭遇到的不快。關鍵是她一面抱怨生活又一面安於現狀，從不曾想過要改變。因為她不敢！她堅定地認為儘管現在很糟糕，但是改變之後，可能還不比現在，那不如不要改變。

我很怕聽她分析問題，她說的話會讓人覺得人生無趣、活著沒意義，心情也跟著一起灰暗。有時，一早到公司，充滿朝氣地和她道聲早安，她就會無力地看著你，將負能量傳遞過來，然後我們糟糕的一天就開始了。

有一段時間，我因為健康因素，工作上老有不順、老是出錯，被上司批評了幾句，還正在反省是不是自己的能力勝任不了這份工作時，一轉頭，就聽見上司從辦公室裡傳來中氣十足的咆哮聲，把小林罵得狗血淋頭，批得小林彷彿一無是處似的。

對比之下，上司對我的批評，簡直是和風細雨啊！

下一秒，小林哭哭啼啼地從上司辦公室出來，一副受了天大委屈的樣子。突然我覺得「守得雲開見月明」，身邊有個這樣的人感覺也滿好的。

像是小林跟我說：「都這個年紀還沒人要，看來我是注定一輩子自己過了！」而我表示：「哎呀！男朋友昨天送我一條項鍊，妳快幫我看看戴起來怎麼樣！」然後，她馬上就會送上一抹哀怨的眼神。

又或者小林跟我說：「唉！又得加班了，我的命怎麼就那麼苦呢？」而我表示：「哎喲！我先走囉！朋友約我看電影呢！」然後，她繼續展示著哀怨的眼神。

原來「懟人」是件如此令人愉快的事情，最重要的是，每天有人免費送上門讓你「懟」。

換個角度看問題，你會發現，跟一個負能量的人在一起，你每天都會過得很開心。從他身上，你總能發現自己的亮點，你會覺得自己的人生從未像此刻一樣充滿希望，就連自己身上那些毫不起眼、毫不卓越的特質，一瞬間都變得明亮起來，而你也開始自信了起來。

那些讓你覺得充滿負能量的人，其實本身並不是這樣的性格，而是他們自認為這是一種好的相處方式、互動模式。因為大家都討厭那種自以為是的人，討厭那種自誇自豪的人，或者討厭那種報喜不報憂的人，覺得他們特別能裝而不討人喜愛，所以，他們就只說自己的缺點或不開心的事，因為他們覺得處在同一地位，工作、家庭中發生的不好的事或許能引起其他人的共鳴，從而與大家找到共同話題，進而交到契合的朋友。

殊不知，物極必反。廢話，誰沒事找虐？成天給你當垃圾桶呀！自己都還有一堆煩心事要處理呢！

但是，當你從中找到樂趣後，會發現這簡直是欲罷不能。

唐太宗說：「以人為鏡，可以明得失。」此話簡直不能再更真理了！與負能量的人在一起，你會發現自己的生活美好得不得了，每天都讓人充滿期待。

不過，「懟」人雖爽，小心上癮哦！

你看不順眼的，正是你所不具備的

說葡萄酸的狐狸是因為自己吃不到葡萄，看別人不順眼是因為那種特質你正欠缺。

如果你是個吃不胖的瘦子，你身邊一定會有人跟你說：「吃不胖是種病。」

如果你是個身高一百七十公分的女子，你身邊一定會有人跟你說：「女生長太高不好，會嫁不出去。」

如果你異性緣爆棚，時常與異性打成一片，你身邊一定會有人對你說：「要矜持，不要玩弄感情。」

同樣地，你身邊如果有這樣的人存在，這些話也可能會從你的口中說出來。

你看不順眼的，只不過正是你所沒有的。

我剛進公司實習時，同批的實習生都統一被公司安排住在一處宿舍裡。其中有一位姓吳的女同事，個人覺得她似乎應該去趟韓國，這是我見到她時的第一個想法——身高和體重不多不少都是一百六十，皮膚黝黑、一口暴牙，穿著土氣到爆，偏偏老家是在蘇州，說著一口吳儂軟語、嬌嬌嗲嗲的。

唉唷喂呀！就是要萌也不是這種萌法啊！

在日常生活與工作中，此女完美地體現了江南弱女子的風韻——那真叫做「弱柳扶風」，走兩步路就虛弱到不行，嬌柔得真是昏天暗地。

而且，此女不知從何來的優越感，在跟別人聊天時，總是不停地重複說到有三個男人在追她的事情。

一位同事表情沒管理好，深深地洩露了她的驚訝，細問之下，吳同事才解釋這些男人都是她在網路上認識的。

好吧！我想他們一定沒見過妳本人。想想那個在電話裡令人渾身酥軟的聲音，一看到本尊，那感覺一定超酸爽！

偶然聽到她和她媽媽打電話，終於讓我知道她那莫名其妙的自信心是從哪兒來的了！

別看人家穿得土，可都是她媽媽親手做的——從內到外、從上到下，每一件都是。家庭條件優越，有錢得不得了，還是個獨生女，被寵得可說是天上有地下無的。

在父母眼裡，自己的孩子永遠都是最好的，怎麼看怎麼漂亮，這是人之常情。但是自己也得帶腦啊！從小被這種言語灌迷湯長大的她，真的堅信自己長得美美噠！

工作中，你一定遇過那種上班不認真、整天擠眉弄眼、不務正業、沒實力、靠關係然後業務能力不怎麼樣卻總能升職加薪的那種女生。

吳同事一向對這種人嗤之以鼻！

恰巧公司裡就有這樣一個人存在。

林女士每天都會穿著最時髦的服裝，還頂著最流行的髮型，整天不安心工作，一會兒跟這位主管聊天、一會兒跟那位經理喝茶，而且三天兩頭就得知她又換男友了。

然而，不知道她跟同部門的人發生了什麼衝突，居然要調到我們部門來。我真不敢想像以後的日子，那簡直就是災難現場啊！

吳同事雖然一萬個不願意，但她這胳膊最終沒贏過被灌了迷湯的部門經理的大腿，雖說她的胳膊粗度也快趕上經理的大腿粗度了。

於是，每天在辦公室裡都有這樣的情景上演：

林女士又勾搭了隔壁部門的誰誰，光天化日之下兩個人在休息室裡卿卿我我，吳同事說：「搔首弄姿」。

林女士又夜不歸宿，濃妝豔抹地出去，一身酒味地回來，吳同事則說：「真是不知檢點。」

林女士跟別的同事產生了衝突，吵得不可開交，吳同事又說：「最好打得爹媽都不認得。」

林女士做為部門的門面在尾牙酒席中代表全部門上臺致辭而明豔動人，吳同事還說：「有什麼了不起的，我唱歌比她好聽多了，不就那張臉還看得過去嗎？」

這類的話，吳同事一直嘮叨到她被正式錄用，然後被派到了分公司。

不過，前幾天公司週年慶時，我突然發現，吳同事瘦身成功，但她的衣著打扮分外熟悉，好像每天都能見到的風格，猛一回想，這不就是林女士的風格嗎？

同學佳佳昨天在朋友圈發了一張合照，附了一句話：「我們一個像夏天、一個像秋天，卻總能把冬天變成春天。」

這是范瑋琪的一首歌，描寫了兩個女孩子之間的友情，照片中的姑娘是她的一位同事。

佳佳是一個內向慢熱的女孩，不愛說話、不會拒絕別人，畢業後進了一家公司工作，跟她同時間被錄用的還有一個年紀差不多大的女孩梅子。

梅子性格開朗、能言善道、八面玲瓏，對每個人都很熱情，早上一到公司，就常會看見她一一跟人打招呼，上至長官、下至普通員工，所以很快地，她就贏得部門所有人的喜愛。

佳佳一開始跟梅子很不對盤。因為是一起來的，梅子總是黏在佳佳身邊，不管是吃飯、說話，甚至上廁所都要拉著佳佳一起。

梅子拉著佳佳去吃飯的路上，遇到任何一個人都要停下來跟人說話。

前面說過佳佳是個不善與人交流的人，有的人她根本不認識，當然無話可說，每次都一個人站在旁邊看梅子左右逢源，總覺得很是尷尬，在別人看來或許還會覺得她裝清高、不屑與人交往。

佳佳因此對梅子很反感，對她逢迎討好的樣子非常不屑，覺得她太會裝、太做作，多次在我面前抱怨過她。

工作一段時間後，有個男同事向佳佳示好。

佳佳不喜歡這位男同事，但是此人是經理的遠房親戚，她不好意思拒絕，迷迷糊糊地答應了對方的電影邀約。第二天她卻發現男同事跟梅子在一起有說有笑的，狀甚親密，還相約一起吃飯。

佳佳心裡無甚在意，只是對梅子的鄙夷又增加了一層。

男同事一直斷斷續續地約佳佳，她不懂拒絕，只能在心裡安慰自己說，這是同事間的正常往來，便半推半就地去了。

佳佳心知肚明男同事是在兩邊撒網，但她就是不敢說不。直到有一天，男同事和她看完電影，從影城走出來時，遇見了梅子。

梅子似乎頗為吃驚，佳佳心想：妳裝得還頗像樣，等等是不是就哭著喊為什麼了？

梅子驚訝了幾秒鐘後便明白了是怎麼一回事，二話不說地給了男同事一巴掌，打完還不解氣，拎在手上的包也猛力地朝著男同事的頭砸去。

這下連佳佳都傻眼了，這跟想好的劇情不一樣啊！

梅子邊砸邊對著佳佳說：「愣著幹嘛？一起上啊！」

佳佳愣了一會兒，似乎是在補給能量，蓄滿後便狠狠地用高跟鞋踩了男同事一腳，男同事則落荒而逃。

佳佳突然笑了起來！是啊！自己早該這麼做了，不是嗎？梅子的性格實在是很招人喜愛，自己看不順眼，只不過是想為而不可為罷了！那正是自己想要擁有卻不具備的東西。

兩人從此成了無話不談的好朋友。

說葡萄酸的狐狸是因為自己吃不到葡萄，看別人不順眼的，是因為那種特質正是你所欠缺的。

卑鄙的人都很少發脾氣

原來最卑鄙的手段是
表面笑嘻嘻，暗地捅刀子。

說說我朋友小霞老公的青梅竹馬吧！

小霞上大學時認識了老公明子，繼而認識了老公從小一起長大的女性好友W，小霞為了和老公身邊的人打好關係，對W一直很不錯，還介紹給我認識，我們三個女生經常相約一起逛街。

W結婚較早，有個非常可愛的寶寶。

因為工作關係，明子經常得去國外出差。W的奶水不是很足，國內的進口奶粉價格偏高，於是W託明子從國外幫她帶奶粉回來，W兒子從出生的第一口奶開始，喝的都是明子帶回來的奶粉，一直喝到了一歲多。

隨著孩子慢慢成長，對奶粉的需求量也越來越大，明子帶的奶粉量已經不夠孩子喝了，所以W有時候會請別的同事幫忙帶。但是，奶粉這種東西，又沉重又佔空間，大家都不太願意，同事們幫忙了幾次後都因為嫌麻煩而拒絕。

後來有一次，明子帶的奶粉比以往的價錢貴了一點，W便問他，為什麼這次的價格貴了呢？

聽到這兒，我就無言了。超市臨時做活動打折、降價或者突然漲價，這種事情又不是個人能控制的，再說一起相處了二十多年的情誼，人家有必要坑你這幾十塊錢嗎？而且，人家只是礙於朋友情面才幫你，又不是你的免費勞工！

給摯友做了一年多的搬運工，換來這樣一頓質問，也是認了。

小霞說，明子對於這件事真是傷透了心，但是礙於情面也沒多說什麼。過了幾個月後，小霞問W：「孩子是不是該斷奶了？」結果W竟然表示孩子要喝到三歲，於是小霞果斷地說：「建議你在網路上找代購吧！這忙我幫不了了。」

小霞特意強調了一下「幫忙」二字。

W聽出了小霞的弦外之音，連忙賠笑表示：「也是，麻煩你們這麼久了，以後我會自己想辦法，不麻煩你們了。」

後來我們才知道，這一件小事，讓小霞徹底得罪了W。

她表面上不跟你生氣，看起來和顏悅色的，但是背地裡，卻開始各種挑撥小霞和明子——在我和小霞這裡講了明子許多壞話，跟我們講明子從小到大的黑歷史，還講了明子之前無數次的撩妹歷史，甚至說他是個花心大蘿蔔之類的話。

如果只是這樣也算了，小霞單純地認為，她是擔心自己被男人的花言巧語給蒙蔽而受到欺負，甚至對於她這樣幫理不幫親，還產生了些許好感。

沒想到，W扭頭去跟明子講：「你看社區裡那個誰誰誰，兩個月沒在家而已，老婆就跟別人看上了，你這種常年不在家的，今後可怎麼辦啊？」

知道這些的時候，我跟小霞都驚呆了！

這一刻，我才知道，原來最卑鄙的手段是表面笑嘻嘻，暗地捅刀子。

而且她極具說話的藝術，不會明確告訴別人你老婆出了什麼問題，因為這種事情一旦深查下去就會發現根本是子虛烏有，她也會死得很難看，所以她才不會那麼傻。

她只在別人心裡種下一顆猜忌的種子——就算鬧大了，她也可以無關緊要地說：「我只是開個玩笑，也沒說什麼，我沒想要他懷疑你，他如果會懷疑你，不過只是證明你們彼此不夠信任啊！」

今年剛上大學的表妹跟我透露，她有個小偷室友，從新生訓練時就開始偷大家的東西，小則偷零食、偷用別人的保養品，大則偷錢、偷手機。跟校方溝通也沒商量出個結果，所以現在宿舍裡每個人出門前都要把櫃子鎖得死死的。

這讓我想起大學時期一個奇葩室友春子，她的人品倒沒有差到偷別人東西的地步，只是為人自私、睚眥必報。最關鍵的是，演技特別好，表面上跟你好得情同手足，從不對你發脾氣，背地裡卻手腳頻頻。

大二時，我們整個科系搬到新建的宿舍裡同住。

當時，每間房有六個床位，每間房都在門後和窗邊留了兩處空地，讓大家放行李箱、鞋架等，只是因為設計問題，地方留得特別小，一個箱子就把空間塞滿了。

春子是門邊的第一個床位，照理來說，床位旁邊的空間是大家共用的，室長找她商量，表示那塊地方要統一放鞋櫃供大家使用，當時她一口答應，結果，搬宿舍那天，春子的東西是我們幾個人裡最多的，甚至早早地就用行李箱、鞋架和各種雜物把那塊大家共用的地方給佔滿了，大家見了都沒說什麼。

沒想到，最後她還提著一個包蹭到住窗邊的室友那裡，說能不能把包放她那兒，她那邊放不下了。

呵呵，感情床底下的櫃子才是你給自己準備的床是吧？空得只剩空氣了，這叫沒地方？公共地方已經被你佔了一塊，還想再占另一塊，做夢呢！

不僅窗邊的室友不同意，我們幾個也都不同意。

這時，我們英明偉大的室長站了出來，但是一場預想中的口水大戰並沒有發生，因為春子意識到了錯誤，雖然態度誠懇，只是堅決不改。

以後的相處還是和從前一樣，但是，我們宿舍在別人口中莫名其妙地就變成了一個排除異己、鉤心鬥角的地方，看我們幾個人的眼神都變了。輔導員還專門找我們談心，搞得我們比竇娥還冤。

有個週末晚上下了自習，我躺在宿舍裡看電影，室友陸續回來，洗刷完也跑到我這裡看。當時我沒喊春子，最後五人一起擠在我桌子邊看。

最後，春子上完廁所回來，把燈一關就上床睡覺了。

我們都知道春子睡覺不能有一點點聲音和光線，否則她會唸死你。我們幾個慫包誰也沒去開燈，看影片的時候難免會笑個幾聲，但聲音都很小。看完有點晚了，就都去睡了。

第二天早上，還沒六點，春子就起床了，砰的一聲撞開洗手間的門，所有人都被驚醒。只是大家都心知肚明，看來是昨晚看電影吵到她睡眠了，因此大家都裝死不出聲。

然後，她開始在陽臺上刷牙洗臉，各種叮叮噹噹的碰撞聲，水聲也嘩啦啦地流個不停。

洗漱完之後，她又打了一通電話，聽著是叫外賣，然後扯著嗓子對我們喊道：「有沒有睡醒了的？我叫外賣，有誰要一起訂的嗎？」

沒人回答，她又喊了一遍。其中一個室友回說：「不用了，你自己吃吧！」她便裝模作樣地說：「哎喲，沒吵到你吧？今天早上沒課，怕你們不吃早餐一覺睡到中午會對胃不好。」

聽聽，多體貼啊！

所以勸誡各位，知人知面不知心啊！

不論是職場還是生活裡，別以為一臉親和的就是好人，要知道，真正卑鄙的人都善於偽裝，很少發脾氣，但他們暗地裡不知怎麼使詐呢！要是遇到有問題就會說出來的人，那你真要燒香膜拜了呢！

你開始一場談話的方式，決定了談話的結局

換一種方式，
會有不同的結局。

在生活中，你是否遇到過這樣的情況？

有人介紹朋友給你認識，而這位新朋友一開口就講些讓你反感的八卦消息，或是在背後議論其他朋友。你立刻會對這種人深惡痛絕，決定以後和他劃清界限。

或者你迫於壓力和一個陌生異性相親時，對方不知道談什麼，一開口則劈頭地問道：「你家住哪兒啊？你多大了？你做什麼工作？」

別開玩笑了，回家自己吃飯去吧！你說你會聊天？我不是來讓你調查戶口的！一聽這

開頭，我就已經沒有和你交談的興趣了。憑你這樣的，還想找對象，下輩子吧！

朋友M和我說過一件小事。她長得非常漂亮，而且很有氣質，唯一的缺點就是脖子上的皺紋有點深。

M自己知道這點，所以一直積極地塗抹各種護膚產品。

有一天M走在大街上，被一個推銷員攔下，推銷員向她推薦一款護膚品。推銷員觀察了M後竟然說：「我發現你的頸紋好深啊！」

M聽了之後非常尷尬，雖然推銷員說的是事實，但缺點被人明擺著點出來，終究會讓人感到不舒服，尤其當美女被指出了一項不夠美的缺陷時。

M有點惱羞成怒，當場就想走人，沒想到推銷員繼續說著：「妳這樣好像小嬰兒，小孩子一開始都有點嬰兒肥，會有一點兒嫩嫩的褶皺。」

M頓時覺得輕鬆許多，反而笑著回答推銷員：「我也覺得自己是嬰兒肥。」

呵呵，給你點顏色，你還真開起染坊來了！

推銷員說：「我想，我可以讓您出落成亭亭玉立的姑娘喔！」於是便詳細介紹起那款護膚品。

M聽得津津有味，最後，還一口氣買了兩盒回來。

不得不承認，推銷員說話的方式讓M感覺舒坦了，也讓M能產生繼續聽下去的欲望。

試想，如果推銷員當時說M跟老太太一樣，那M的感受可就會差上十萬八千里了，這場對話也就進行不下去，更別提想賣出產品。

雖說忠言逆耳，但是逆耳的話語，有幾個人能真正的毫無反感地接受呢？要懂得運用恰當的說話方式，要讓你說的話被別人更容易地接受。

在職場上，說話藝術同樣重要，有很多人就是因為不擅長說話而吃了很多不必要的虧。

小方是一家廣告公司的銷售人員，前幾天接到一項任務，要去談一項能給公司帶來很大利益的合作專案，這關乎公司一整年的效益百分比。

第二天，小方就去拜訪對方——某公司的經理。到了對方公司後，他才發現，另一家廣告公司也在和他們競爭，還派來一名銷售人員小路。

兩人先後到達，但由於對方經理還有會議要開，為了節省時間，建議三個人一起會談。

雖然不情願，但出於風度，也為了博得經理好感，小方和小路都同意了。

坐下之後，小方首先開口，一上來就大體介紹了自己公司所具備的優勢，從資金到人脈，從態度到經驗，面面俱到、口若懸河——口氣中滿是對自己公司的驕傲，大有「你不選我們公司就是沒有眼光」之意。

但是，經理卻並沒有表現出多大的興趣，表情平淡，注意力一直沒有集中，甚至還連打了好幾個哈欠。小方沒了底氣，聲音漸漸低了下來。

然而，在小方滔滔不絕時，小路一直在觀看經理辦公室裡的擺設，他發現經理旁邊的書架上擺著好幾本有關歷史方面的書，比如《史記》、《戰國策》、《資治通鑒》等，還有很多專門從事歷史研究的名家著作。再看這位經理的辦公桌上，甚至還擺著一本翻開的《二十四史》。

小路靈機一動，在小方介紹完後，他沒有開門見山地大談特談自己公司的方案和實力，反而裝作不經意地問道：「我看經理的書架上有很多歷史相關的書籍，您應該對歷史文化很有研究吧？我家裡也有一些類似的書。」

原本感到無聊至極、眼看就要睡著的經理，聽到小路開口談論歷史，頓時來了精神，因而表示：「是啊！我覺得歷史故事非常參考意義，值得我們借鑒，那可是中國人世世代代留下來的智慧和思想，就算今天拿來運用在商場上，也是一點兒都不過時。」

小路說：「我父親也是一名歷史文化愛好者，受他的影響，我從小就對中國的歷史感興趣，還曾經看過電視臺播放的歷史紀錄片《中國通史》，可惜那時年紀小，沒有耐心，總是看的不全而一知半解，如果有機會，希望能跟您請教一下。」

經理聽了，立即變得非常高興，不停地點頭說道：「好啊！好啊！我一直找不到志同道合的朋友，一直感到十分苦惱呢！」

於是，兩人就像是遇到了知己一樣地侃侃而談，把小方晾在了一邊。

臨走時，經理意猶未盡，跟小路約好下次要邊吃飯邊聊，經理還對小路說：「下次記得把你父親請來，我們一起討論。」

當天，這位經理就和小路簽下了合作契約。

在工作或生活的交流中，有時候，你可能會覺得自己是在對牛彈琴、雞同鴨講——你說得口乾舌燥，事情卻沒有向你預想的方向發展。

也許你會覺得對方怎麼那麼愚蠢，為什麼理解不了你的意思。其實，不妨反省一下，可能是你談話的方式有問題。

換一種方式，會有不同的結局。

國家圖書館出版品預行編目(CIP)資料

毒善其身/ 南陳著. -- 初版. -- 臺北市 :力得文化, 2018.04　面 ; 公分. -- （強心臟 ; 3）
ISBN 978-986-93664-7-2（平裝）

1. 人生哲學 2. 自我實現

191.9　　107003891

強心臟 003

毒善其身

初　　版　2018年4月
定　　價　新台幣299元

作　　者　南陳
出　　版　力得文化
發 行 人　周瑞德
電　　話　886-2-2351-2007
傳　　真　886-2-2351-0887
地　　址　100 台北市中正區福州街1號10樓之2
E-mail　best.books.service@gmail.com
官　　網　www.bestbookstw.com
執行總監　齊心瑀
行銷經理　楊景輝
執行編輯　王韻涵
封面構成　盧穎作
內頁構成　華漢電腦排版有限公司
印　　製　大亞彩色印刷製版股份有限公司

港澳地區總經銷　泛華發行代理有限公司
地　　址　香港新界將軍澳工業邨駿昌街7號2樓
電　　話　852-2798-2323
傳　　真　852-2796-5471